Barbara Denscher

Lesereise Dänemark

Barbara Denscher

Lesereise Dänemark

Von Wikingern und Brückenbauern

Picus Verlag Wien

MIX
Papier aus verantwortungsvollen Quellen
FSC® C012536
www.fsc.org

Gedruckt nach der Richtlinie des
Österreichischen Umweltzeichens
„Druckerzeugnisse“,
Christian Theiss GmbH, Nr. 869

Grafische Gestaltung: Dorothea Löcker, Wien
Umschlagabbildung:
© mauritius images/imageBROKER/Kevin Prönnecke
Druck und Verarbeitung:
Christian Theiss GmbH., St. Stefan im Lavanttal
ISBN 978-3-7117-1073-4

Informationen über das aktuelle Programm
des Picus Verlags und Veranstaltungen unter
www.picus.at

Inhalt

Typisch dänisch

Eine Art Einleitung

»Wovon soll das Buch denn handeln? Von einer Reise durch das größte Land Europas?« Die Frage meiner Freunde irritierte mich. Ich hatte ihnen doch erzählt, dass ich über Dänemark schreibe. War mein Dänisch seit unserem letzten Treffen so schlecht geworden, oder hatte ich mich unklar ausgedrückt? »Es ist ein Buch über Dänemark!« – »Ja natürlich, über Dänemark, das größte Land Europas. Grönland und die Färöer gehören doch auch dazu!« Jetzt endlich wurde mir klar, was sie – nicht ganz so ernst – gemeint hatten. Und damit waren wir auch schon bei den Daten und Fakten zum kleinsten skandinavischen Königreich. Wobei wir uns auf die Diskussion, ob denn Dänemark überhaupt zu Skandinavien gehöre, nicht weiter einließen. Geografisch nicht, sprachlich und kulturell schon, das sollte genügen. Mit den Färöern und Grönland ist die Sache jedoch etwas schwieriger. Denn die beiden, sowohl die kleine Inselgruppe im Nordatlantik als auch die größte Insel der Erde, gehören zur *rigsfællesskab*, zur »Reichsgemeinschaft« des Königreichs Dänemark. Das bedeutet, dass sie ein mit Dänemark gemeinsames Staatsoberhaupt – Königin oder König – haben und dass auch auf Grönland und den Färöern die dänische Verfassung gilt. Letzteres ist allerdings mehr und mehr umstritten. Längst haben sich die beiden Gebiete die weitgehend autonome Selbstverwaltung erstritten: die Färöer bereits 1948, Grönland 1979. Zudem ist keines der beiden Länder – im Gegensatz zu Dänemark – Mitglied der Europäischen Union, außerdem ist Grönland, geografisch gesehen, Teil des amerikanischen Kontinents, außerdem … – »Außerdem haben wir uns doch längst damit abgefunden, ein kleines Land zu sein« – in dem man allerdings, so hat man oft den Eindruck, immer noch ein wenig der einstigen Bedeutung als nordische Großmacht nachtrauert. Immerhin gehörten Norwegen bis 1814 und Island bis 1944 zum Königreich Dänemark und in den Jahrhunderten davor auch Schweden, Teile Finnlands, Teile Norddeutschlands und zu Wikingerzeiten sogar England.

Das heutige Dänemark ist ein wenig größer als die Schweiz, etwas mehr als halb so groß wie Österreich und rund achtmal kleiner als Deutschland. Beeindrucken kann es mit seiner speziellen geografischen Struktur. Nein, damit sind nicht unbedingt die »Berge« gemeint, von denen die höchsten gerade einmal um die hundertsiebzig Meter erreichen. Und bei der Bezeichnung Sydfynske Alper, Südfünische Alpen, für eine – übrigens sehr malerische – Hügellandschaft nördlich der Stadt Faaborg handelt es sich eindeutig um dänische Selbstironie. Beeindrucken aber kann das kleine Königreich mit einer enorm langen Küstenlinie: Gemäß den neuesten Messungen sind es achttausendsiebenhundertfünfzig Kilometer. Einiges dazu trägt das lang gestreckte Jütland bei, die Halbinsel, auf der sich die einzige Landgrenze Dänemarks – jene, die es von Deutschland trennt – befindet. Für die restlichen vielen Küstenkilometer sorgen weit über tausend Inseln, von denen jedoch nur dreihundertachtundneunzig einen Namen haben. Derzeit sind fünfundsiebzig bewohnt. Der Bogen reicht dabei von der größten und am dichtesten besiedelten Insel Sjælland, Seeland, auf der sich die Hauptstadt Kopenhagen befindet, bis zu Minieilanden wie Langø, südlich von Seeland, mit gerade einmal zwei Einwohnern. Weit im Osten, vor der schwedischen Küste, liegt Bornholm, das eine Art Überbleibsel des einstigen dänischen Großreichs ist und das als »Sonnenscheininsel« gilt, weil das Wetter hier merklich freundlicher ist als im restlichen Dänemark. Sehens- und bereisenswert sind aber natürlich auch Anholt, die entlegenste dänische Insel, mitten im Meer zwischen Jütland und Schweden; Ærø im Süden, das als eine der idyllischsten Regionen des Landes gilt und dessen Hauptort Ærøskøbing oft als »Märchenstadt« bezeichnet wird; oder das kleine Mandø, die einzige Gezeiteninsel des Landes, die nur bei Ebbe über einen Damm erreichbar ist. Viele weitere Inseln wären da noch zu nennen – es gibt also viel zu entdecken im großen kleinen Dänemark.

Und es gilt, das typisch Dänische zu ergründen. Bekanntlich nimmt das Land stets einen Spitzenplatz – meist den ersten – im »World Happiness Report«, dem seit 2012 alljährlich erstellten Glücksreport der Vereinten Nationen, ein. Dass sich die Dänen also offenbar in ihrem Land sehr wohlfühlen, ist durchaus nichts Neues. Schon 1796 berichtete die englische Schriftstellerin Mary Wollstonecraft in den Briefen, die sie während eines Aufenthalts in Kopenhagen schrieb, dass ihr allseits versichert werde, »that Denmark is the happiest country in the world«. Die kritische Autorin führte das damals – wenig schmeichelhaft – auf eine gewisse provinzielle Selbstbezogenheit zurück, gestand aber auch ein: »The inhabitants of Denmark and Norway« – Norwegen gehörte damals zu Dänemark – »are the least oppressed people of Europe.« Außerdem, so betonte Wollstonecraft, gebe es Pressefreiheit, es könne über alles geschrieben und diskutiert werden »without fearing to displease the Government«. Die diversen aktuellen Rankings sind in ihren Kriterien noch um einiges differenzierter und verweisen unter anderem auf das gut ausgebaute Sozialsystem, den hohen Beschäftigungsgrad und auf die Tatsache, dass es in Dänemark nahezu keine Korruption gibt – und das Land daher auf dem entsprechenden Index von »Transparency International« fast immer auf Platz eins liegt.

Glücklich macht die Dänen wohl auch ihr ausgeprägter Sinn für eine gewisse Gemütlichkeit, jene *hygge*, die nicht so einfach zu definieren, aber einer der zentralen Werte im dänischen Selbstverständnis ist. Wohlbefinden und häusliche Geborgenheit sind damit gemeint, vertrautes Zusammensein mit Familie und Freunden. In letzter Zeit wurde *hygge* als Inbegriff eines angenehmen, gemütlichen Lebensstils vor allem in Großbritannien so populär, dass der Ausdruck vom »Collins English Dictionary« in die Liste der »Top 10 Words of the Year 2016« (gleich auf Platz zwei, nach »Brexit«) aufgenommen wurde. *Hygge* sei, so wird erklärt, »a concept, originating in Denmark, of creating cosy and convivial atmospheres that promote wellbeing«. Bücher wie »How to Hygge« oder »The Art of Hygge« sind gefragt und liefern auch die nötigen Aussprachehinweise: »hue-gah« wird da der englischen Leserschaft empfohlen. Wobei zugestanden wird, dass dies für angelsächsische Zungen nicht ganz einfach sei (Deutschsprechende treffen es mit »Hügge« um einiges besser) und man allenfalls ja auch »cosy« sagen könne. *Hygge*, die dänische Gemütlichkeit, ist also auf jeden Fall eine eher private Angelegenheit. Dass es im öffentlichen Leben, in Politik, Wirtschaft, bei der Flüchtlingsdebatte und bei Integrationsfragen auch in Dänemark nicht immer allzu gemütlich zugeht, ist bekannt.

Zu den dänischen Charakteristika gehört auch die Begeisterung, mit der man bei jeder sich bietenden Gelegenheit die dänische Nationalflagge, den *Dannebrog*, hisst. Und Gelegenheiten gibt es viele: so etwa die derzeit achtzehn nationalen Beflaggungstage, zu denen der Ostersonntag und der erste Weihnachtstag ebenso gehören wie die Geburtstage aller Mitglieder der königlichen Familie. 2016 sind mit Regierungsbeschluss noch zwei weitere Beflaggungstage dazugekommen, an denen allerdings nicht oder nicht nur der *Dannebrog* gehisst wird: Am 21. Juni, dem grönländischen Nationalfeiertag, weht nun auch die grönländische Fahne von öffentlichen Gebäuden; und am 29. Juli, wenn die Färöer feiern, die färöische. Und natürlich sind auch alle Däninnen und Dänen aufgefordert, an diesen beiden Tagen zu beflaggen. Sollte man keine grönländische oder färöische Fahne zur Hand haben, so ist es, wie es in einer diesbezüglichen Verlautbarung heißt, »selbstverständlich völlig in Ordnung den *Dannebrog* zu verwenden«. Allerdings nehmen es die Dänen mit den offiziellen Beflaggungsterminen nicht so genau. Nur rund ein Drittel von ihnen, so haben Umfragen ergeben, zeigt an diesen Tagen Flagge. Wenn aber ein Familienfest angesagt ist, dann ist für die meisten die rote Fahne mit dem weißen Kreuz das passende Symbol – und zwar nicht nur auf der Fahnenstange, die in fast jedem Vorgarten zu finden ist, sondern vor allem, in kleinerem Format, als Wohnungsdekoration und Tischschmuck. Besonders beliebt ist es, den Weihnachtsbaum mit Girlanden aus kleinen dänischen Fähnchen zu schmücken. Neunzig Prozent geben an, dass dies einfach zum Fest dazugehöre. Meine Freunde Dorte und Søren allerdings verzichten auf den *Dannebrog* als Baumschmuck. Aber schließlich sind sie ja auch keine Durchschnittsdänen. Denn die heißen – laut Vornamensstatistik – Anne und Peter. Der häufigste dänische Familienname ist übrigens Nielsen.

Das Land der Brücken

Ein Inselreich wächst zusammen

Die Straße führt die Brücke hinauf, steigt an, immer höher, noch ist nicht zu erkennen, wie es nach der Kuppe weitergeht, vielmehr hat man den Eindruck, direkt in den Himmel hineinzufahren. Vor allem an sonnigen Tagen ist es ein beeindruckendes Erlebnis, im Auto den Großen Belt, die Meeresstraße zwischen den Inseln Fünen und Seeland, zu überqueren. Da sind der blaue Himmel, die riesige, glitzernde Wasserfläche und unten, weit unten, die Schiffe. Die Verbindung über den Großen Belt – den Storebælt – ist ein Bauwerk der Superlative und führt, mit einer Gesamtlänge von rund sechzehn Kilometern, über zwei Brücken und die kleine, inmitten der Meeresstraße liegende Insel Sprogø. Imposant ist vor allem der fast sieben Kilometer lange Abschnitt zwischen Sprogø und der Küste von Seeland. Auf beiden Seiten wird die Straße zunächst von mächtigen Brückenpfeilern getragen, den Mittelteil bildet dann eine zwischen zwei riesigen Pylonen angebrachte Hängebrücke, die mit einer Spannweite von tausendsechshundertvierundzwanzig Metern die längste Hängebrücke Europas und eine der längsten der Welt ist. Der höchste Punkt der Brücke befindet sich fünfundsechzig Meter über dem Meer. »Diese Höhe war notwendig, um sicherzustellen, dass auch große Schiffe den Storebælt trotz der Brücke ohne Probleme passieren können«, weiß Niels Christian Skov-Nielsen, Bautechniker und Chefkonsulent der dänischen Straßenverwaltung. Ob die Konstrukteure die Sache richtig eingeschätzt hatten, so erzählt er, musste am 1. November 2009 unter Beweis gestellt werden. Denn da wurde das Kreuzfahrtschiff »Oasis of the Seas« von der finnischen Werft, in der es gebaut worden war, nach Florida überstellt. Der Weg dorthin führte durch den Großen Belt. »Die ›Oasis of the Seas‹ war bis dahin das größte je gebaute Kreuzfahrtschiff der Welt, mit einer Höhe von zweiundsiebzig Metern. Die Brücke ist aber, wie gesagt, nur fünfundsechzig Meter hoch. Deshalb stattete man das Schiff schon von vorneherein mit einfahrbaren Schornsteinen aus, sonst hätte man es ja nie aus der Ostsee herausgebracht.« Allerdings war die »Oasis of the Seas« auch mit eingezogenen Schornsteinen vierundsechzig Meter und fünfundsiebzig Zentimeter hoch – es blieben also nur fünfundzwanzig Zentimeter Spielraum für die Durchfahrt unter der Brücke. »Um sicherzugehen, dass wirklich alles klappt, ließ der Kapitän auf volle Fahrt gehen. Dadurch wurde ein größerer Tiefgang erreicht, und man gewann noch weitere fünfundzwanzig Zentimeter Abstand dazu.« Es klappte, und die »Oasis of the

Seas« schaffte es problemlos, unter der Brücke durchzukommen.

Für das Schiff hatten die fünfundsechzig Meter Höhe der Storebæltsbrücke gereicht – für die Eisenbahn hingegen sind sie zu viel. Die Steigung und schwingungstechnische Probleme lassen es nicht zu, so erläutert Niels Christian Skov-Nielsen, dass Züge über die Hängebrücke fahren. Daher sind sie für diesen Abschnitt der Belt-Querung in einen Tunnel unter dem Meer verwiesen. Auf die großartige Aussicht von der Brücke müssen die Bahnfahrenden also verzichten, denn erst auf Sprogø kommt man wieder ans Tageslicht. Aber immerhin geht die Fahrt von Sprogø hinüber nach Fünen dann über eine neben der Autobrücke verlaufende Eisenbahnbrücke.

Die Eisenbahnverbindung über den Storebælt wurde im Sommer 1997 eröffnet, die Straßenbrücken ein Jahr später. Bis dahin sorgten Fähren für die Überfahrt. Wer von Kopenhagen nach Fünen oder Jütland wollte, oder umgekehrt, aus dem Westen des Landes in die Hauptstadt, musste eine oftmals sehr anstrengende und beschwerliche Reise auf sich nehmen, denn der Storebælt ist ein unruhiges und tückisches Gewässer. In den Tagebüchern des viel reisenden Hans Christian Andersen finden sich zahlreiche Eintragungen über hohen Seegang, heftige Stürme und Unwetter, denen der Märchendichter bei der Überfahrt über den Belt ausgesetzt war. Andersen berichtet nicht nur von seekranken Mitreisenden, sondern auch davon, dass Schiffe weit abgetrieben und schwer beschädigt wurden und man manchmal für die Reise von Odense nach Kopenhagen mehrere Tage benötigte.

Ein Zufluchtsort für so manche in Seenot geratene Reisende war Sprogø. Denn nachdem man die Seeräuber, die lange Zeit von der Insel aus ihr Unwesen im Storebælt getrieben hatten, endlich losgeworden war, wurden auf Sprogø zunächst ein paar Notunterkünfte und im 19. Jahrhundert eine große Herberge eingerichtet. Im Winter 1855 mussten dort, weil die Fähren wegen Vereisung des Großen Belts nicht weiterkonnten, an die hundertsechzig Menschen mehrere Tage ausharren. Dabei hatten sie es, wie aus dem erhaltenen Gästebuch hervorgeht, offenbar aber recht gemütlich. Von einer bunten internationalen Gesellschaft, in der jeder »sein Scherflein zur Unterhaltung beitrug«, berichtete ein Däne, und ein Engländer notierte: »Pleasant company here.«

Ein dunkles Kapitel in der Geschichte von Sprogø begann 1923, als auf der Insel eine »Besserungsanstalt« ihren Betrieb aufnahm, in der Mädchen und junge Frauen, die als geistig behindert, psychisch krank oder als sozial unverträglich galten, oft jahrelang unter gefängnisartigen Bedingungen leben mussten und in vielen Fällen zwangssterilisiert wurden. Bis 1961 gab es die Anstalt, doch erst als einige dänische Filmemacher und Schriftsteller die Geschehnisse von Sprogø aufgriffen – so etwa Jussi Adler-Olsen in seinem

Thriller »Verachtung« –, begann man auch von offizieller Seite mit einer Aufarbeitung des Themas. Heute ist die Insel, die durch die für den Brückenbau notwendigen Aufschüttungen um das rund Vierfache, auf hundertvierundfünfzig Hektar, vergrößert wurde, ein unbewohntes Naturreservat.

Eine ebenso spektakuläre Verbindung wie die über den Großen Belt ist jene über den Øresund, von Kopenhagen hinüber ins schwedische Malmö. Den besten Überblick über die fast sechzehn Kilometer lange Brücken- und Tunnelkonstruktion hat man von oben, vom Flugzeug aus, kurz vor der Landung in Kopenhagen. Kurios ist es vor allem zu sehen, wie da auf einem kleinen Landfleckchen mitten im Meer Autos und Züge sozusagen in die Unterwelt einzufahren oder aus dieser herauszukommen scheinen. Das Loch, in dem sie verschwinden oder aus dem sie auftauchen, ist das östliche Portal eines vier Kilometer langen Tunnels, der Kopenhagen mit der künstlich angelegten Insel Peberholm verbindet. Über Peberholm geht es dann hinauf auf die Brücke, für die ebenfalls, so wie für die Storebæltsbrücke, ein Rekord eingetragen ist: Denn die Øresundbrücke ist die längste sowohl für den Straßen- als auch für den Eisenbahnverkehr genutzte Schrägseilbrücke der Welt. Allerdings ist nur rund ein Drittel der Brücke dänisches Staatsgebiet, der Rest gehört zu Schweden. Und das ist vielleicht auch der Grund dafür, dass es das durchaus imposante Bauwerk nicht als Motiv auf die vor ein paar Jahren neu gestalteten dänischen Banknoten, die ganz dem Thema Brücken gewidmet sind, geschafft hat. Den Ehrenplatz auf der Banknote mit dem höchsten Geldwert, dem Tausend-Kronen-Schein, hat die Storebæltsbrücke erhalten. Auf den geringeren Werten – fünfzig, hundert, zweihundert und fünfhundert Kronen – finden sich Brücken aus Jütland, Fünen und Seeland sowie die Kopenhagener Knippelsbro, eine Klappbrücke, die mit ihren markanten Brückentürmen eines der Wahrzeichen der dänischen Hauptstadt ist.

Insgesamt gibt es in Dänemark mehr als dreizehntausend Brücken. »Natürlich baute man auch schon früher Brücken, aber der eigentliche Boom, der Dänemark tatsächlich zu einem Land der Brücken gemacht hat, begann in den dreißiger Jahren«, erklärt Niels Christian Skov-Nielsen. Der Brückenbau war damals, in den von Wirtschaftskrise und Arbeitslosigkeit geprägten Jahren, eine wirkungsvolle Beschäftigungsmaßnahme. Es entstand eine Reihe von Großprojekten, durch die sich, so Skov-Nielsen, die Verkehrsstruktur des Landes merkbar zu verändern begann. Als Beispiel nennt er die 1935 fertiggestellte – und übrigens auf dem Hundert-Kronen-Schein abgebildete – Lillebæltsbro, die als Straßen- und Eisenbahnbrücke die erste feste Verbindung zwischen Jütland und Fünen bildete. Oder die 1937 eröffnete Storstrømsbro zwischen den beiden Inseln Falster und Masnedø – »eine wichtige Verbindung auf dem Weg aus dem Süden nach Kopenhagen und damals die zweitlängste Eisenbahnbrücke Europas«. Nach einem Stillstand während und nach dem Zweiten Weltkrieg erlebte der Brückenbau ab den siebziger Jahren zusammen mit dem Autobahnbau einen neuen Aufschwung. »Mittlerweile sind die großen Landesteile durch Brücken miteinander verbunden. Und mit dem Fehmarnbelttunnel wird dann auch die Vogelfluglinie komplett sein.« Mit der von Niels Christian Skov-Nielsen erwähnten Vogelfluglinie ist eine feste Straßen- und Eisenbahnverbindung zwischen Kopenhagen und Hamburg gemeint, die der Route der Zugvögel folgt und über die Inseln Falster, Lolland und Fehmarn führt. Erste Planungen dafür gab es bereits Mitte des 19. Jahrhunderts, konkret wurde das Projekt dann rund hundert Jahre später, und mittlerweile gibt es entlang der Vogelfluglinie nur noch diese eine große »Lücke«, die Verbindung über den Fehmarnbelt, die Meeresstraße zwischen der dänischen Insel Lolland und der deutschen Insel Fehmarn.

Für die Überquerung des Fehmarnbelts müssen die Reisenden bislang auf die Fähre zwischen Rødby und Puttgarden umsteigen, eine Dreiviertelstunde dauert dann, nach der Verladung von Autos und Eisenbahnzügen, die Überfahrt. Zu lange, meinen viele, und daher diskutiert man schon seit Jahrzehnten, wie man die Sache beschleunigen könne. Dachte man zuerst an eine

Brücke, so setzte sich später vor allem in Dänemark die Idee eines Tunnels durch und wurde zu einem nationalen Prestigeprojekt. »Die Fahrt zwischen Deutschland und Dänemark wird zehn Minuten mit dem Auto und sieben Minuten mit der Bahn dauern«, verkündet die für den Bau zuständige, staatliche dänische Femern A/S auf ihrer Website und fügt stolz hinzu: »Der Fehmarnbelttunnel wird mit 18 km der weltweit längste Absenktunnel für den kombinierten Schienen- und Straßenverkehr.« Auf die Verwirklichung dieses Rekords wird man allerdings noch einige Zeit warten müssen. Meinte man zunächst, dass der Tunnel 2021 fertig sein werde, so lautet nun die Auskunft des dänischen Verkehrsministeriums: »Frühestens 2026.« Der Grund für die Verzögerung sind nicht etwa Probleme mit der Finanzierung – die sieben Milliarden Euro, die der Bau kosten soll, werden vom dänischen Staat und der Europäischen Union übernommen –, sondern die heftigen Proteste, die es in Deutschland vor allem vonseiten von Natur- und Umweltschützern gegen das gigantische Bauvorhaben gibt.

Vorbehalte gegen Brücken- oder Tunnelbauten sind für Niels Christian Skov-Nielsen nichts Neues. »Jedes Mal, wenn ein derartiges Projekt in Dänemark gestartet wird, gibt es zunächst einmal viel Widerstand. Dabei geht es oft gar nicht so sehr um irgendwelche ökologischen oder wirtschaftlichen Fragen, sondern in erster Linie darum, an der bestehenden Lage nichts zu ändern.«

Die Dänen seien, so meint er, von ihrem Charakter her eben doch Insulaner. »Allerdings ändert sich die Haltung dann sehr schnell, wenn die Anlagen einmal fertig sind. So etwa war zunächst eine breite Mehrheit gegen die Storebæltsverbindung, die aber heute, wie wir aus Umfragen wissen, von fast neunzig Prozent der dänischen Bevölkerung als eine sehr gute Sache bezeichnet wird.«

Dänemark ist von einem Land der Fähren zu einem Land der Brücken geworden. Das hat auch deutliche Auswirkungen auf den Autoverkehr. Während etwa die Fähren über den Storebælt in den neunziger Jahren täglich rund achttausend Autos beförderten, zählte man auf der Brückenverbindung bereits 1999, ein Jahr nach der Eröffnung, mehr als sechzehntausend Autos pro Tag, und mittlerweile liegt die Zahl bei durchschnittlich siebenundzwanzigtausend. »Die Brücken haben die Lebensweise der Dänen stark verändert«, meint Niels Christian Skov-Nielsen: »Man ist viel mehr im eigenen Land unterwegs als früher. Dadurch hat sich auch das Fahrverhalten verändert. So gemütlich wie einst geht es längst nicht mehr zu, auch deshalb, weil 2004 die Höchstgeschwindigkeit von hundertzehn auf hundertdreißig Stundenkilometer hinaufgesetzt wurde. Durch die vielen neuen Brücken und den damit zusammenhängenden weiteren Ausbau des Straßensystems ist Dänemark enger zusammengewachsen, und Odense ist mittlerweile fast so etwas wie ein Vorort von Kopenhagen.«

Geblieben ist eine vielfach verklärte Erinnerung an die Fähren, über die man früher so oft gejammert hatte, weil man manchmal lange Wartezeiten im Stau an den Anlegestellen auf sich nehmen musste, weil es Verspätungen gab, hin und wieder auch Ausfälle wegen schlechten Wetters und weil der Kuchen im Bordbüffet so teuer und der Kaffee so schlecht waren – »Storebæltskaffee« ist in Dänemark bis heute ein Synonym für ein wenig schmackhaftes Koffeingetränk. Dennoch erzählt man gerne, wie gemütlich und entspannend doch die Fahrten mit den Fähren waren. Entsprechende Schilderungen finden sich auch in großer Menge in der dänischen Literatur. So etwa bei Knud Sønderby, der schon 1958 schrieb: »Was für eine Rolle die Überfahrten über den Storebælt doch für uns gespielt haben, sie gehörten einfach zu unserem Leben. Im Nationalmuseum sollten eine Schale Kaffee und ein Stück Butterkuchen zusammen mit einer ausgestopften Möwe ausgestellt werden. Man wird diesem Schaukasten dann wehmütig zunicken, wehmütig etwas Wesentlichem aus der eigenen Vergangenheit zunicken, ja, so war es einst, Däne zu sein.«

Nachbarn mit schwieriger Vergangenheit

Von deutschen Dänen und dänischen Deutschen

Nimmt man bei einer Reise nach Dänemark den Weg über Jütland, so trifft man schon in Norddeutschland auf Dänisches. Da sind die zahlreichen Ortsnamen, die auf »by« enden, wie etwa Husby und Hüsby, Schaalby und Schuby, Brodersby, Fleckeby, Gammelby und viele mehr – sie alle tragen jenes dänische Suffix, das ursprünglich »Bau« und generell »Ansiedlung« bedeutet. Und da sind an der Autobahn nahe Schleswig jene Schilder, die auf den Weg zum Danewerk verweisen. Ein Abstecher dorthin lohnt sich, denn beim Danewerk handelt es sich um die beeindruckenden Reste einer rund dreißig Kilometer langen mittelalterlichen Wallanlage. Diese diente als mächtige Grenzsicherung, erstreckte sich doch zu Wikingerzeiten das dänische Reich bis hierher. Einen Schutz bildete das Danewerk auch für die Wikingerstadt Haithabu, die bis ins 11. Jahrhundert eines der bedeutendsten Handelszentren Nordeuropas war. Später wurde die Ansiedlung aufgegeben, dokumentiert aber ist ihre Geschichte in einem sehenswerten Museum. Dieses und auch der »Archäologische Park Danewerk« sind zur Gänze zweisprachig gestaltet, deutsch und dänisch. Das ist nicht nur ein Service für die zahlreichen Gäste aus dem Nachbarland, sondern auch Ausdruck für die Mehrsprachigkeit der Region. Das Gebiet war Teil des früheren Herzogtums Schleswig, das sich dies- und jenseits der nunmehrigen Staatsgrenze erstreckte – im Norden bis zum Fluss Kongeå und im Süden bis zur Eider und zur Levensau – und in dem über Jahrhunderte unterschiedliche ethnische Gruppen ohne größere Konflikte neben- und miteinander lebten: Dänen, Deutsche und, vornehmlich im Westen, auch Friesen.

Heutzutage geben rund fünfzigtausend Menschen in Norddeutschland an, Dänen zu sein und bezeichnen sich selbst dabei oft als *Sydslesvigere* – »Südschleswiger«. Jenseits der Grenze wiederum, im südlichen Jütland, gibt es eine ungefähr fünfzehntausend Angehörige umfassende deutsche Minderheit, die »Nordschleswiger«. Wenn aber Dänisches in Norddeutschland um einiges präsenter erscheint als Deutsches in Süddänemark, so liegt dies durchaus nicht nur an der unterschiedlichen Größe der Minoritäten. Vor allem in den Jahren und Jahrzehnten nach dem Zweiten Weltkrieg war Deutsches in Dänemark nicht immer und überall willkommen. Kein Wunder also, dass es die Minderheit vorzog, nicht allzu sehr auf sich aufmerksam zu machen. In letzter Zeit aber, so betont Harro Hallmann, der Kommunikationschef des »Bundes Deutscher Nordschleswiger«, hat sich das Image Deutschlands deutlich verbessert: »Zu merken ist das vor allem in Berlin, das bei den Dänen ja sehr populär ist. Viele kaufen sich dort eine Wohnung, und mittlerweile können Sie in Berlin an jeder Ecke dänisch reden hören. Auch wie sich Deutschland als Gastgeber bei der Fußball-WM 2006 präsentierte, hat sich positiv ausgewirkt. Und all das färbt natürlich auch auf uns ab.«

Harro Hallmann, ein freundlicher Mann um die fünfzig, kann man wohl als einen für die heutige Zeit typischen deutschen Dänen bezeichnen: In beiden Sprachen und Kulturen gleichermaßen verwurzelt, war er nach seinem Politologie-Studium, das er in Århus und Berlin absolviert hatte, für dänische Wirtschafts- und Gewerkschaftsorganisationen tätig, er ist mit einer Dänin verheiratet, lebte einige Zeit in Kopenhagen und ist vor dreizehn Jahren wieder in seine Geburtsstadt Haderslev – beziehungsweise, deutsch, Hadersleben – zurückgekehrt und arbeitet seither für den »Bund Deutscher Nordschleswiger«. Dieser »Bund« ist, wie Hallmann erklärt, die Interessensvertretung der deutschen Dänen. Ein besonderes Anliegen ist dabei der Kultur- und Bildungsbereich, und mit einigem Stolz verweist Hallmann darauf, dass der Minderheit zwanzig Kindergärten, vierzehn Grundschulen und ein Gymnasium zur Verfügung stehen.

Die ideologische Grundlinie des »Bundes Deutscher Nordschleswiger« ist aus der Geschichte der Organisation erkennbar: Hervorgegangen ist der »Bund« aus einer rund um einen Pastor gebildeten Gruppe, die sich während des Zweiten Weltkriegs als Gegner des Nationalsozialismus – dem der Großteil der deutschen Minderheit anhing – zusammentat. Als 1945 aus diesem »Haderslebener Kreis« der »Bund Deutscher Nordschleswiger« wurde, waren die Loyalitätserklärung an Dänemark und der Verzicht auf jede Grenzrevision (wie sie von den deutschdänischen Nationalsozialisten gewünscht gewesen war) die zentralen Punkte der Gründungserklärung.

Seinen Sitz hat der »Bund« in einem modernen, hellen – sehr skandinavisch wirkenden – Haus in Aabenraa. Im Deutschen hat die kleine, hübsche Stadt den Namen Apenrade, und den würden die Nordschleswiger auch gerne auf den Ortstafeln sehen – ohnehin nur in kleinerer Schrift als den dänischen Namen. Was aber der Minderheit an sich rechtlich zusteht, war bislang nicht durchzusetzen. Da hilft auch nicht der Hinweis auf die Situation in Norddeutschland, wo es schon seit Längerem zweisprachige Beschilderungen gibt. Doch Aufschriften wie »Apenrade«, »Sonderburg« (für das malerisch an der Flensburger Förde gelegene Sønderborg) oder »Tondern« (für das als Folk-Festival-Stadt bekannte Tønder) scheitern an vorgeblichen bürokratischen Schwierigkeiten und an regionalem Widerstand. 2015 regte der »Bund Deutscher Nordschleswiger« eine neue Diskussion zum Thema an, was, so erzählt Harro Hallmann, zu »teilweise sehr hässlichen Kommentaren« führte: »Und es hieß auch: Es ist ja nur fünfundsiebzig Jahre her, dass Deutschland Dänemark überfallen hat, und jetzt wollt ihr schon wieder Ortstafeln haben!« Als im Frühjahr 2015 der Bürgermeister von Haderslev, Hans Peter Geil, eine einzelne Ortstafel aufstellen ließ, auf der auch der deutsche Name der Stadt, Hadersleben, stand – um, wie er sagte, zu testen, welche Reaktionen es geben werde –, löste dies einiges an Empörung aus. Nach wenigen Tagen wurde die Tafel von Unbekannten mitsamt dem Mast aus der Verankerung gerissen, und Hans Peter Geil erntete heftige Kritik für seine Aktion. Einige der Bürgermeisterkollegen aus der Region beeilten sich zu betonen, dass in ihren Gemeinden zweisprachige Ortstafeln auf keinen Fall infrage kämen. »Da gibt es offensichtlich Wunden aus der Kriegszeit, die immer noch nicht verheilt sind«, meinte Geil dazu in einem Interview.

Aber nicht nur der Zweite Weltkrieg – in dem Dänemark ab 1940 von Truppen Nazideutschlands besetzt war – ist der Grund für das belastete dänisch-deutsche Verhältnis. Die Ursachen für die schwierige nachbarschaftliche Beziehung liegen weiter zurück und haben mit der Geschichte des ehemaligen Herzogtums Schleswig zu tun. Dieses war durch alte Lehensbeziehungen eng mit dem dänischen Königshaus verbunden. Ab der Mitte des 15. Jahrhunderts, als der dänische König Christian I. zum Landesherrn des benachbarten Herzogtums Holstein gewählt wurde, bildeten

Schleswig und Holstein eine Einheit. Der König gab damals die Zusicherung, dass die beiden Herzogtümer »ewich tosamende ungedelt« bleiben sollten, also nie mehr voneinander getrennt werden dürften. Im Zuge der im 19. Jahrhundert überall in Europa entstehenden nationalen Strömungen aber bekam diese Untrennbarkeitsklausel brisante politische Bedeutung. Zwei Gruppen standen einander gegenüber: die »Schleswig-Holsteiner«, die auf der Einheit und Eigenständigkeit der beiden Herzogtümer bestanden und zugleich die Aufnahme Schleswigs in den Deutschen Bund (dem Holstein seit 1815 angehörte) anstrebten; und die sogenannten »Eiderdänen«, die eine Trennung der Herzogtümer entlang des Grenzflusses Eider und den Zusammenschluss Schleswigs mit dem Königreich Dänemark forderten. Die daraus entstehenden Spannungen führten schließlich zu den beiden Schleswigschen Kriegen, mit denen die Sache zum internationalen Streitfall wurde.

Der Erste Schleswigsche Krieg zwischen 1848 und 1850, in dem die »Schleswig-Holsteiner«, unterstützt vom Deutschen Bund, dem dänischen Heer gegenüberstanden, endete damit, dass an der bestehenden Situation – Schleswig und Holstein als miteinander verbundene Herzogtümer unter der Oberhoheit Dänemarks – nichts geändert wurde. Als aber die »Eider-Politik« vonseiten Kopenhagens zunehmend Unterstützung erhielt und Schleswig, entgegen allen Vereinbarungen, verfassungsmäßig in Dänemark integriert werden sollte, rief dies 1864 Preußen und Österreich auf den Plan. Es kam zum Zweiten Schleswigschen Krieg, der mit einer schweren Niederlage für Dänemark endete. Neben Schleswig und Holstein musste es auch das kleine Herzogtum Lauenburg abtreten, erlitt einen Gebietsverlust von rund dreiunddreißig Prozent und verlor damit auch an die vierzig Prozent seiner bisherigen Bevölkerung. Alle drei Herzogtümer kamen in der Folge unter die Herrschaft Preußens, aus der ehemaligen nordischen Großmacht Dänemark aber war ein Kleinstaat geworden.

Im historischen Bewusstsein der Dänen ist diese Niederlage bis heute fest verankert, und meist ist in Bezug auf die Ereignisse von einem »nationalen Trauma« die Rede. Regelmäßig erscheinen neue Publikationen zum Thema, und der Roman »Tine«, mit dem der dänische Schriftsteller Herman Bang 1889 den Krieg von 1864 als historischen Hintergrund für eine tragische Liebesgeschichte wählte, ist ein Klassiker, der in einer Vielzahl von Ausgaben erhältlich ist. 2014, zum hundertfünfzigsten Jahrestag der Ereignisse, produzierte der staatliche Dänische Rundfunk eine achtteilige Fernsehserie, Titel »1864«, die man sich hundertdreiundsiebzig Millionen Kronen (rund dreiundzwanzig Millionen Euro) kosten ließ – was um einiges mehr war, als man je zuvor für eine TV-Serie ausgegeben hatte.

Was die Dänen als Trauma empfanden, war

für die Deutschen der »Sieg in der Nordmark«. Als Held wurde dabei der preußische Ministerpräsident Otto von Bismarck gefeiert, der die treibende Kraft hinter dem Zweiten Schleswigschen Krieg gewesen war. 1901 wurde dem »Befreier Schleswig-Holsteins von der Dänenherrschaft« (so formulierten es die *Altonaer Nachrichten*) auf dem ein paar Kilometer nördlich von Aabenraa gelegenen Knivsberg ein monumentales Denkmal gewidmet. Es war ein fünfundvierzig Meter hoher, turmartiger Granitbau, dessen Zentrum ein fast sieben Meter hohes Standbild Bismarcks bildete – als ein, wie es bei der Einweihung hieß, »Wahrzeichen, dass dies Land deutsch bleibe in alle Ewigkeit«. Die »Ewigkeit« sollte allerdings nur bis 1920 dauern, dann wurde Nordschleswig an Dänemark angegliedert. Es war dies eine Folge des Ersten Weltkriegs, denn im Friedensvertrag von Versailles war festgelegt worden, dass die staatliche Zugehörigkeit von Nord- und Südschleswig durch Volksentscheid zu ermitteln sei. Während bei den folgenden Abstimmungen 80,2 Prozent der Bevölkerung im südlichen Landesteil für einen Verbleib bei Deutschland votierten, stimmten im Norden 74,9 Prozent für die Zugehörigkeit zu Dänemark. Die Region wurde somit geteilt und die noch heute gültige Staatsgrenze zwischen Dänemark und Deutschland festgelegt.

Noch aber wollten die Deutschen in Nordschleswig die Hoffnung auf eine Grenzrevision nicht aufgeben, nationale und bald auch nationalsozialistische Ideen fanden immer mehr Zuspruch. Die Bismarck-Statue war zwar abmontiert und auf den Aschberg, nordöstlich von Kiel, verfrachtet worden (wo der Kanzler bis heute gebieterisch den Blick nach Norden richtet), der Knivsberg und das riesige – wenn auch nunmehr leere – Granitmonument aber blieben ein Treffpunkt der deutschen Bevölkerungsgruppe. Alljährlicher Höhepunkt war dabei das meist im Juni gefeierte Knivsbergfest. Begründet Ende des 19. Jahrhunderts als Volksfest mit sportlichen Wettkämpfen, hatte die Veranstaltung sehr bald politischen Charakter angenommen, der sich in der Zwischenkriegszeit noch deutlich verstärkte. Von einem »Bekenntnis zu Stamm und Heimat« und »unbesieglicher Nordmarktreue« war da etwa die Rede, und mit besonderer Begeisterung wurde das Fest 1933, im Jahr der nationalsozialistischen Machtübernahme in Deutschland, gefeiert: Rund zehntausend Menschen kamen auf den Knivsberg, wo, wie die *Hamburger Nachrichten* meldeten, Hakenkreuzfahnen aufgezogen waren und das Fest mit dem »Gesang des Deutschlandliedes und des Horst-Wessel-Liedes« eröffnet wurde.

Wie sehr der Knivsberg als symbolischer Ort gesehen und von vielen Dänen als Provokation empfunden wurde, zeigte sich erneut nach dem Ende des Zweiten Weltkriegs. 1945 wurde der Bismarck-Turm von Unbekannten, vermutlich von ehemaligen dänischen Widerstandskämpfern, gesprengt. Und als 1947 wieder ein Knivsbergfest stattfand, rief dies zahlreiche Proteste hervor. Zwar hieß es in einem Polizeibericht, dass bei dem Fest nichts von der früher üblichen »provozierenden, steifen preußischen Haltung« zu merken gewesen sei, dass die Ansprachen sowohl auf Deutsch als auch auf Dänisch gehalten worden seien und insgesamt der Eindruck vorherrsche, »dass das Treffen von einem neuen Geist geprägt« sei – dennoch wurden die Knivsbergfeste auch in den folgenden Jahren polizeilich streng überwacht.

Erst mit den »Bonn-Kopenhagener Erklärungen«, mit denen 1955 die Rechte der Minderheiten im dänisch-deutschen Grenzgebiet von den Regierungen Dänemarks und Deutschlands wechselseitig anerkannt wurden, begann sich die Situation allmählich zu entspannen. Und auf den Knivsberg hinaufzuwandern, wird heutzutage kaum noch als hochpolitische Aktion empfunden. Der Aufstieg ist lediglich ein kurzer Spaziergang und lohnt sich allein schon wegen der Aussicht, die man von der Anhöhe – die mit siebenundneunzig Metern immerhin die höchste im Süden Jütlands ist – über sanfte Wiesen und kleine Wäldchen bis hin zur Genner Bucht hat. Das alljährliche Fest gibt es weiterhin, Provokation aber ist es längst keine mehr, wohl auch, weil es, wie Harro Hallmann betont, ganz gezielt als Familienfest gestaltet ist, wobei das Gebotene von Hüpfburgen für die Kleinsten über Hand-, Fuß-

und Beachvolleyballturniere bis zu Jazzkonzerten reicht.

»Heute sind wir endlich so weit, dass wir uns über die geschichtlichen Ereignisse einig sind«, sagt Harro Hallmann. »Ab und zu gibt es sprachliche Nuancen, so etwa, wenn von 1920 die Rede ist, dann spricht man im Dänischen von *genforening,* also von Wiedervereinigung, und im Deutschen von der Teilung Schleswigs. Meiner Meinung«, so fügt Hallmann hinzu, »war es letzten Endes die Teilung, weshalb wir jetzt hier friedlich leben können. Der Kompromiss der Teilung im Gegensatz zum Alles oder Nichts des Nationalismus.«

Raubeinige Eroberer

Die Wikinger

Vom »Viking Steak House« und dem »Café Viking« in Kopenhagen bis zum »Hotel Viking« in Sæby, von »Viking«-Bleistiften bis zu »Viking«-Gummistiefeln – Reminiszenzen an die alten skandinavischen Haudegen scheinen in Dänemark nahezu überall zu passen: Da gibt es Kajak-, Ruder-, Radfahr- und Fußballclubs, die nach den Wikingern benannt sind; »Viking Genetics« beschäftigt sich mit Rinderbesamung, »Viking Life-Saving Equipment« liefert Notfallausstattung und »Viking Leg« stattet Spielplätze mit Kletterburgen, Schaukeln, Rutschen und noch vielem mehr aus. Für den Hausbau bieten sich »Viking Isolering«, »Viking«-Fenster und -Türen und »Viking Markiser« an. Ist das Haus fertig, sorgt »Viking Energi« für die Versorgung mit »Viking Gas« – und für Schönheit und Wohlbefinden kann man sich an »Viking Terapi & Aroma« in Pårup oder an den »Frisør Viking« in Horsens wenden.

Zwar liegt die Wikingerzeit schon ein gutes Jahrtausend zurück, die Verbundenheit mit jener Periode, in der die skandinavischen Recken weite Teile Europas in Angst und Schrecken versetzten, ist in Dänemark aber immer noch sehr groß. Die Wikinger seien große Vorbilder, erfährt man, wenn man ein wenig über die Ursachen für diese Begeisterung nachforscht. »Sie waren stark und mutig«, »ließen sich nicht unterkriegen«, »hatten vor nichts und niemandem Angst«, heißt es da, und natürlich sieht sich jeder Däne gerne als Wikinger – und jede Dänin als Wikingerin, denn, so wollen es schon die Schulmädchen wissen, »die Wikingerfrauen waren selbstbewusst und unabhängig« und »ganz anders als irgendwelche langweiligen Ritterfräulein«. Dass auch die skandinavischen Nachbarländer ihren Teil an der Geschichte beanspruchen, stört nicht. Denn, so war in einem Beitrag im dänischen Online-Wissenschaftsmagazin *Videnskab.dk* zu lesen: »Wenn es etwas gibt, das uns Skandinavier verbindet, so ist es der Stolz darüber, wie tapfer und zäh unsere Vorfahren waren: breitschultrige, von Met gestärkte Männer mit Milben im Bart und dem Tod in den Augen.« Außerdem, so war dem Artikel zu entnehmen, hätten historische Forschungen ohnehin ergeben, dass die dänischen Wikinger die allertapfersten waren. Wie hätte es auch anders sein können …

Landauf, landab kann man, vor allem während der Sommermonate, bei allerlei Veranstaltungen am eigenen Leib erfahren, wie denn das Leben der nordischen Raubeine so gewesen ist. Da wird im Wikingerstil gekämpft, gejagt und gefeiert, Bootsfahrten stehen ebenso auf dem

Programm wie Kurse im Kochen, Weben, Töpfern und Schmieden. Für spezielle Firmenarrangements wird das gerne unter dem Titel »Viking Teambuilding« angeboten. Auf die passende äußere Erscheinung wird dabei auf jeden Fall viel Wert gelegt: Leinenkittel, Wadenwickel aus grober Wolle und Bundschuhe gehören unbedingt dazu. Verzichtet werden sollte wohl auf die »Milben im Bart« – und auch ein Helm mit Hörnern ist, wenn es ernsthaft hergehen soll, verpönt. Denn einen solchen haben die Wikinger mit ziemlicher Sicherheit nicht benutzt. Oder wenn, so lautet die Auskunft des dänischen Nationalmuseums, dann lediglich zu kultischen Zwecken. Im Kampf aber wären solche Helme viel zu gefährlich gewesen, weil sie die Wucht von Schlägen auf den Kopf nicht vermindert, sondern verstärkt hätten. Außerdem wären sie im Schlachtengetümmel und auf den dicht besetzten Schiffen viel zu sperrig gewesen. Das Klischeebild der Recken mit Hörnerhelmen sei erst mit Richard Wagners Opern im 19. Jahrhundert geschaffen worden. Eine deutsche Erfindung also. Was aber so manche Dänen durchaus nicht daran hindert, sich etwa bei internationalen Sportereignissen mit behörnter Kopfbedeckung als wackere Nordmänner zu deklarieren.

»Wenn Sie etwas über die Wikinger wissen wollen, dann sollten Sie nach Roskilde fahren«, wird Kopenhagen-Touristen empfohlen – und das ist sicher ein guter Tipp. Mit dem Zug sind es kaum mehr als zwanzig Minuten in die westlich von Kopenhagen, am inneren Ende eines langen, schmalen Fjords liegende Stadt. Roskilde ist eine der ältesten Städte des Landes und war bis zur Mitte des 15. Jahrhunderts die Hauptstadt des Königreichs. Als ihr Gründer gilt Harald Blåtand, »Blauzahn«, der als erster dänischer König den christlichen Glauben annahm. Es war übrigens dieser Blauzahn, nach dem das Mobilfunksystem Bluetooth benannt wurde – weil, so heißt es, der Wikinger ein hervorragender Diplomat und eine Art Kommunikationsgenie gewesen sein soll. Auf jeden Fall ließ der König um 960 in Roskilde eine Kirche errichten, die er zu seiner Grabkirche bestimmte, womit er eine royale Tradition begründete. Denn seither wurden neununddreißig dänische Könige und Königinnen in Roskilde beigesetzt, künftige Grabstellen sind bereits vorbereitet.

Die prunkvollen Sarkophage befinden sich in dem mächtigen Dom, der zur Zeit der Gotik an der Stelle von Harald Blauzahns Kirche errichtet wurde. Es ist ein Backsteinbau – der erste dieser Art in ganz Skandinavien –, der zum UNESCO-Weltkulturerbe gehört. Eine Kuriosität ist die sogenannte Königssäule in einer der Seitenkapellen. Auf der Granitsäule wurde über die Jahrhunderte die Körpergröße zahlreicher Regenten markiert – ganz so, wie es oft auf den Maßbändern in Kindergärten getan wird. Auch Königin Margarethe II. und Prinzgemahl Henrik stellten sich der

Messung, die vermutlich genauer vorgenommen wurde als bei Margarethes Vorfahren Christian I., der auf der Säule mit einer stolzen Körpergröße von zwei Meter neunzehn aufscheint. Zwar war der König, der im 15. Jahrhundert über weite Teile Skandinaviens herrschte, für die Zeitgenossen eine mächtige Erscheinung und wurde oft als »der dänische Kämpe« bezeichnet, allerdings zeigte sich bei der Öffnung seines Sarkophags, dass Christian »nur« einen Meter fünfundachtzig groß gewesen war.

Vom Dom im Stadtzentrum ist es ein rund viertelstündiger Spaziergang bis zu dem direkt am Fjord gelegenen Wikingerschiffsmuseum, das die Hauptattraktion Roskildes ist. Kernstück der Anlage ist die Wikingerschiffshalle, ein Betonbau, der von außen karg und nüchtern wirkt. Im Inneren aber bietet sich ein imposanter Anblick. Denn die Halle beherbergt fünf rund eintausend Jahre alte Schiffe, die aus dem Roskildefjord geborgen wurden. Zwar ist keines davon zur Gänze erhalten geblieben, die fehlenden Teile aber wurden in ihren Konturen durch Metallstreben ersetzt, sodass sich eine gute Vorstellung des ursprünglichen Aussehens ergibt. Die riesige Fensterfront zum Fjord hin schafft den Eindruck, als ob die Boote im Wasser schwimmen würden. Und wer sich das trotz der Perfektion, mit der die 1969 eröffnete Halle vom dänischen Architekten Erik Christian Sørensen gestaltet wurde, nicht vorstellen kann, für den gibt es draußen auf dem Museumsgelände einen kleinen Hafen, in dem Nachbauten der Wikingerschiffe vor Anker liegen.

Die Originale hatten in ihrer Glanzzeit unterschiedliche Funktionen: Das am besten – zu fünfundsiebzig Prozent – erhaltene ist ein vierzehn Meter langes Handelsschiff, das, so ist in der detaillierten Dokumentation zu erfahren, mit fünf bis acht Mann Besatzung und mit einer Ladung von bis zu vierzig Tonnen in der Ostsee unterwegs war. Ein zweites, sehr stabil gebautes Handelsschiff wurde vermutlich für den Warentransport in der Nordsee eingesetzt. Mit den beiden größten Schiffen der »Flotte« begaben sich die Wikinger einst auf ihre Kriegszüge, das kleinste war ein Fischerboot. Alle aber hatten schon ausgedient, als sie irgendwann im 11. Jahrhundert mit Steinen beladen an der engsten Stelle des Roskildefjords versenkt wurden. Durch die so entstandene Barriere wurde die damals so bedeutende Wikingermetropole Roskilde vor Angriffen vom Meer aus geschützt. Allmählich allerdings gerieten die Details in Vergessenheit. Man nahm zwar an, dass es irgendeine Art von Sperre im Fjord geben müsse, glaubte aber, dass es ein einzelnes Schiff aus einer wesentlich späteren Zeit sei. Daher war es auch eine Sensation, als 1962 die fünf Schiffe aus dem Fjordschlamm, der sie vor dem Verfall bewahrt hatte, geborgen wurden. Wissenschaftlich bedeutsam war der Fund vor allem, weil die verschiedenen Bootstypen viele Informationen über die Formen und Möglichkeiten des wikingischen Schiffsbaus lieferten. Eines der beiden Kriegsschiffe, die »Skuldelev 2«, war überdies, mit dreißig Metern Länge, das bis dahin größte je geborgene Wikingerschiff – und es konnte diesen Rekord bis ins Jahr 1996 halten. Dann aber wurden im Fjord weitere Schiffe gefunden, und »Skuldelev 2« musste den Spitzenplatz an das siebenunddreißig Meter lange Kriegsschiff »Roskilde 6« abgeben. Der Platz im Museum aber blieb »Skuldelev 2« erhalten, denn »Roskilde 6« reist bis auf Weiteres als Ausstellungsprunkstück rund um die Welt.

Das Vikingeskibsmuseum in Roskilde ist durchaus nicht das einzige Wikingermuseum des Landes – wenn auch, laut Statistik des dänischen Tourismusverbands, das meistbesuchte. In fast jeder dänischen Stadt und in vielen Orten gibt es kleinere oder größere Sammlungen, die sich mit dem Thema Wikinger beschäftigen.

Ein scharfer Konkurrent von Roskilde in Bezug auf die Besucherzahlen findet sich im jütländischen Ribe. Die malerische Stadt an der Nordseeküste hat überhaupt einiges mit Roskilde gemeinsam. Denn auch Ribe zählt zu den ältesten Städten des Landes, ja sie ist sogar die allerälteste, gegründet um 700. Auch Ribe, das ein wichtiger Handelsplatz war, hat im Lauf der Geschichte einiges von seiner früheren Bedeutung verloren, sich dafür aber viel historisches Flair erhalten. So hat auch Ribe einen sehenswerten mittelalterlichen Dom – und eben ein Wikingermuseum.

Oder eigentlich sogar zwei: Das Museum »Ribes Vikinger« im Stadtzentrum präsentiert das Leben und Treiben der wackeren Recken unter anderem in Form von begehbaren Dioramen und mit lebensgroßen Puppen, was vor allem den jüngsten Besuchern viel Spaß macht.

Noch realitätsnaher versucht man sich in dem etwas außerhalb der Stadt gelegenen »Ribe VikingeCenter« zu geben. Es ist ein Freilichtmuseum, in dem eine Wikingersiedlung aus dem 9. Jahrhundert nachgebaut wurde. Ribe könnte damals so ausgesehen haben. Und damit es auch wirklich lebendig wirkt, wird Alt-Ribe, das hier seinen mittelalterlichen Namen Ripa trägt, während des Sommers von Mitarbeitern des Centers ganz im Stil der Wikingerzeit – und klarerweise im entsprechenden Outfit – bewohnt und bewirtschaftet. »Das Erlebnis eines authentischen Wikingermilieus«, lautet das Motto, unter dem man sich auch für die Besucher allerlei ausdenkt: Kriegertraining für Kinder etwa, Bogenschießen und diverse Rollenspiele, wie zum Beispiel: »Zieh dir ein Wikingercape an, setze eine Filzkappe auf und sei Pflegekind in einer Wikingerfamilie«. Zu den Pflichten gehören da unter anderem Wasser holen, Fische fangen, Mehl mahlen und die Lederschuhe des Familienoberhauptes putzen. All jene, die sich für die Rolle eines »Sklaven im Thinghaus« entscheiden, erfahren nicht so genau, was sie erwartet – nur so viel: »Als Sklave musst du vier Aufgaben lösen, um deine Freiheit wiederzugewinnen.«

Natürlich gibt es in Ripa auch einen Runenstein. Es ist ein großer, an die fünf Tonnen schwerer Granitblock, in den prunkvolle Ornamente und eine Inschrift gemeißelt sind. Wer die Runen, die Schriftzeichen der Wikinger, lesen kann, erfährt, dass der Bauer Vestein den Stein zum Gedenken an seinen Sohn Asvid aufstellen ließ, der während einer Schiffsreise nach Norwegen ertrank. Gut erfunden. Zwar wurde der Stein nicht vor einem Jahrtausend, sondern erst vor ein paar Jahren behauen, doch tatsächlich dienten die Runensteine der Wikinger oft der Erinnerung an Verstorbene.

Derzeit kennt man in Dänemark hundertzweiundneunzig Runensteine, die aus der Wikingerzeit stammen – und vielleicht werden es bald schon wieder um ein paar mehr sein, denn bei Grabungen tauchen immer wieder Exemplare auf, andere wieder werden beim Abriss von alten Gebäuden gefunden, wo sie irgendwann einmal, nachdem ihre ursprüngliche Funktion vergessen worden war, als Mauersteine verwendet wurden. Viele der Runensteine finden sich im Umkreis von Kirchen, vor allem in Jütland, wo es die höchste Runensteindichte des Landes gibt. Die bei Weitem berühmtesten sind die beiden vor dem Eingang zur Kirche von Jelling: der eine, rund einen Meter vierzig hoch und eher tafelförmig, der andere ein wuchtiger, zweieinhalb Meter hoher Block. Vor einigen Jahren hat man um jeden der beiden Steine ein vor saurem Regen, Luftverschmutzung und Vandalenattacken schützendes Glashaus errichtet. Es sind elegante Konstruktionen (der Architekt, Erik Nobel, macht da seinem Namen alle Ehre), bei denen die Dächer und jeweils eine Seitenwand aus Bronze bestehen und die mit allen modernen konservatorischen Vorrichtungen zur optimalen Steuerung von Temperatur und Luftfeuchtigkeit ausgestattet sind. Ein verständlicher Aufwand, denn immerhin gelten die Jelling-Steine als die »Geburtsurkunde« und der »Taufschein« Dänemarks. Denn die altdänische Runeninschrift auf dem kleineren Stein lautet gemäß der Transkription des dänischen Nationalmuseums: »*GōrmR kunungR gærði kumbl þøsi æft Þōrvī, kunu sīna, DanmarkaR bōt*« – was bedeutet, dass König Gorm den Stein zur Erinnerung an seine Ehefrau Thyra, die er als den »Stolz Dänemarks« bezeichnet, aufstellen ließ. Es ist – und das macht den Stein so besonders und zu einer Art nationaler Reliquie – die erste Nennung Dänemarks, also die Geburtsurkunde, und das älteste schriftliche Zeugnis eines dänischen Königs. Aufgestellt wurde der Stein zwischen 950, dem vermutlichen Todesjahr von Königin Thyra, und 958, denn da starb König Gorm, der oft auch »Gorm den Gamle« – »Gorm der Alte« – genannt wird. Den »Taufschein« des Landes lieferte dann der Sohn der beiden, der so aktive Harald Blauzahn, mit einer Inschrift auf dem zweiten Runenstein in Jelling. Denn da heißt es: »König Harald ließ diese Steine zur Erinnerung an seinen Vater

Gorm und seine Mutter Thyra aufstellen. Jener Harald, der die Herrschaft über ganz Dänemark und Norwegen erlangte und die Dänen zu Christen machte.« Neben der Inschrift finden sich auf dem Stein aufwendige Ornamente in Form jener für die Wikingerzeit so typischen geschwungenen und ineinander verschlungenen Bänder. Sie umgeben zwei Figuren: Bei der einen handelt es sich um einen mit einer Schlange kämpfenden Löwen oder einen Drachen (ganz einig sind sich die Experten bei ihrer Deutung nicht), und bei der anderen ganz eindeutig um eine Christusdarstellung – und zwar um die allererste in Skandinavien.

Die Runensteine von Jelling gehören, zusammen mit der Kirche und dem benachbarten riesigen Grabhügel, in dem vermutlich König Gorm beigesetzt worden war, zum UNESCO-Weltkulturerbe. Mehr über die große Geschichte des Ortes – zur Zeit von Gorm und Harald war Jelling das politische Zentrum des Landes – und über Dänemark zur Wikingerzeit ist im Museum gleich gegenüber der Kirche zu erfahren. Seit es nach einer Renovierung 2015 neu eröffnet wurde, heißt es allerdings nicht mehr Museum, sondern »Erlebniscenter« und präsentiert sich als »unikale und supermoderne digitale Sinneserfahrung« – wobei es sich konkret um tatsächlich beeindruckende Bild- und Toninstallationen und zahlreiche interaktive Projektionen handelt. Auf einer großen Wand wächst da auch immer wieder von

Neuem der Stammbaum des dänischen Königshauses empor. Und der führt in einer Linie, wenn auch im Zickzack, denn es gab viel Mord und Totschlag, von Gorm dem Alten bis heute.

Vor Kurzem haben übrigens Rechtsmediziner der Universität Kopenhagen mit Untersuchungen begonnen, mit denen festgestellt werden soll, ob das englische Königshaus ebenfalls von dänischen Wikingern abstamme. Die DNA-Analyse von ein paar erhalten gebliebenen Zähnen von normannischen Vorfahren der Windsors soll da Klarheit schaffen. Man hofft, dass die Beweisführung gelingt – was dem wikingischen Selbstbewusstsein der Dänen sicher neuen Auftrieb geben würde.

Im »lieblichsten Land der Welt«

Lego – eine dänische Erfolgsgeschichte

Als sich der damals fünfundzwanzigjährige Ole Kirk Christiansen 1916 in Billund, einer kleinen Stadt in Jütland, als Zimmermann niederließ, ahnte noch niemand, dass damit eine internationale Erfolgsgeschichte beginnen sollte. Im Gegenteil: Nach einigen mäßig guten Geschäftsjahren wurde der Betrieb Opfer der Wirtschaftskrise, 1932 musste Christiansen Konkurs anmelden. In den folgenden Jahren reiste er als Händler durchs Land und verkaufte selbst gefertigte Hocker, Stühle, Bügelbretter und Leitern. Und noch etwas hatte Christiansen in seinem Sortiment – nämlich Holzspielzeug: zunächst ein paar Tiere, dann auch Traktoren, kleine Autos und Eisenbahnwaggons, alles stabil gefertigt und farbenfroh gestaltet. Als die Nachfrage mehr und mehr anstieg, gab Christiansen seinem kleinen Unternehmen einen eigenen Namen: »Lego«, zusammengesetzt aus den beiden dänischen Wörtern *lege* – »spielen« – und *godt* – »gut«. Noch aber produzierte er nicht nur Spielzeug – und noch nicht die später weltweit bekannten Legosteine. Diese gab es erst ab 1949, nachdem Christiansen zwei Jahre zuvor die damals größte Kunststoff-Spritzgussmaschine

Dänemarks gekauft hatte. In den fünfziger Jahren wurde dann das bis heute verwendete Stecksystem entwickelt, die Firma begann international zu expandieren, und erst nachdem Ole Kirk Christiansen 1958 gestorben war, wurde unter der Leitung seines Sohnes, Godtfred Kirk Christiansen, die Produktion von Holzspielzeug eingestellt. Was folgte, ist eine Erfolgsgeschichte sondergleichen. Zwar geriet die Idee Lego zu Beginn dieses Jahrtausends – wohl auch durch die Konkurrenz der Computer in den Kinderzimmern – vorübergehend in eine wirtschaftliche Krise, doch durch konsequente Restrukturierungsmaßnahmen war man bald wieder auf der Erfolgsstraße.

Heutzutage gehört Lego zu den größten Spielzeugherstellern der Welt: Pro Stunde werden in der Fabrik in Billund drei Millionen Legosteine produziert, und rein statistisch gesehen besitzt jeder Mensch in dieser Welt vierundneunzig Stück der bunten Bauklötze. Was daraus alles gemacht werden kann, zeigt ein Besuch in Legoland. Der 1968 auf einem Gelände neben der Fabrik eröffnete und später mehrfach erweiterte Freizeitpark bezeichnet sich in seiner Eigenwerbung als das »lieblichste Land der Welt«. Um in dieses Land eingelassen zu werden, braucht man zum einen Geld – und zwar gar nicht so wenig: Eine vierköpfige Familie hat gut hundertachtzig Euro zu berappen. Und zum anderen braucht man Geduld – und zwar ebenfalls oft gar nicht so wenig. Vor allem in den Sommermonaten bilden sich meist lange Schlangen von Wartenden bei den Ticketschaltern, hin und wieder müssen dann auch die Zugänge wegen Überfüllung des Parks geschlossen werden. Hat man es bis hinein geschafft, sollte man auch weiterhin die Geldbörse griffbereit halten, denn auch im »lieblichsten Land« selbst haben die Marketingprofis ein weit gestreutes Angebot vor allem für den konsumfreudigen Nachwuchs erstellt.

Sieht man vor dem Eingang noch viele Familien mit Kindern, kommt es nach dem Betreten des Freizeitparks zu einem erstaunlichen Phänomen – die Kinder sind weg. Dabei findet man im ersten Teil des Parks gerade jene Attraktionen, die das Legoland ursprünglich berühmt gemacht haben. Es ist eine beeindruckende und tatsächlich faszinierende Leistungsschau, die zeigt, was sich mit den bunten Plastikklötzchen alles machen lässt. Da gibt es aus mehr als zwanzig Millionen Legosteinen präzise im Maßstab 1:20 gebaute Kleinstversionen von berühmten Bauwerken, Ensembles und von ganzen Dörfern und Städtchen. So kann man Kopenhagener Sehenswürdigkeiten wie den pittoresken Nyhavn oder die Schlösser Amalienborg und Rosenborg en minature bewundern, dann auch Ribe, die älteste, und Skagen, die nördlichste Stadt Dänemarks. Deutschland ist unter anderem mit einem romantischen Sample einer Mosel-Ideallandschaft, in der sich Zitate aus den Orten Cochem, Ediger-Eller und Beilstein finden, vertreten, sowie, wohl unvermeidlich, mit

Schloss Neuschwanstein und – da war man in der Auswahl wieder etwas origineller – mit einem Stadtteil von Düsseldorf. Wenn es um die schönsten Gegenden Europas geht, dürfen natürlich auch die Grachten von Amsterdam und die holländischen Windmühlen nicht fehlen.

Doch nicht nur die malerischsten Orte der Welt finden in diesem Miniaturuniversum ihren Platz, sondern auch bemerkenswerte technische Einrichtungen und Bauwerke: So sind hier etwa Europas größter Binnenhafen in Duisburg, das deutsche Schiffshebewerk in Scharnebeck, das John F. Kennedy Space Center, eine Ölbohrinsel, moderne Offshore-Windräder und historische Flugzeuge zu bestaunen.

Dann ist da noch ein aus neunhundertzweiundachtzigtausend Legosteinen angefertigtes Modell des Billund Airports zu sehen. Den gibt es aber auch, im Großformat, in Hör- und Sichtweite von Legoland, und er ist weit mehr als eine aeronautische Kuriosität. Seine Anfänge gehen in das Jahr 1961 zurück, als der damalige Lego-Chef Godtfred Kirk Christiansen nördlich seiner Fabrik einen kleinen Privatflughafen anlegen ließ. Heutzutage ist Billund mit jährlich rund drei Millionen Passagieren der zweitgrößte Flughafen Dänemarks und einer der wichtigsten in Skandinavien. So wie nebenan sind daher auch beim Airport-Modell unermüdlich Maschinen unterwegs.

Aber auch sonst ist im »Miniland«, wie dieser älteste und traditionsreichste Teil des Parks heißt, viel in Bewegung: Da rattern Eisenbahnzüge dahin, kurven Autos durch die Straßen, und es gibt regen Schiffsverkehr. All dies funktioniert mit erstaunlicher Präzision und meist mit originaler Geräuschkulisse. Es gibt dabei viel zu entdecken, doch man braucht dafür ein wenig Geduld, denn manches erschließt sich erst bei genauerem Hinsehen und ist von einem gewissen subtilen Humor getragen. Die vielen Erwachsenen scheinen das mit nostalgischen Gefühlen zu genießen. Aber wo sind die Kinder? Die Frage ist schnell beantwortet, wenn man das Gelände weiter erkundet, denn jenseits der Grenzen des »Minilandes« beginnen die Actionbereiche. Dort wird vordergründigeres und damit leichter zu konsumierendes Entertainment geboten. Piratenland, Adventure Land, »Ninjago World«, Polarland und »Knights Kingdom« bringen – so die Ankündigung – »Tempo, Action und Spannung für die ganze Familie«. Auf Achterbahnen kann man die Robustheit der Magennerven einem Stresstest unterziehen, in der »Imagination Zone« übt man sich im Abschießen elektronischer Monster, produziert sich als Karatekämpfer oder vertieft sich in die Welt von »Star Wars«, im »Haunted House« lässt es sich wohlig gruseln, in einer Ritterburg darf man seine Sünden abbüßen und bei einer Seeschlacht auf andere Parkbesucher mit Wasserkanonen spritzen, um dann selbst von den Kontrahenten entsprechend eingewässert zu werden. Friedlicher geht es da im Duploland für die Kleinsten oder im Verkehrskindergarten mit pädagogisch-didaktischem Anspruch zu.

Dass hier so manches nicht mehr allzu viel mit den Legosteinen im engeren Sinn zu tun hat, mag an der Eigentümerstruktur von Legoland liegen, das seit 2005 von der Merlin Entertainment Group, zu der über hundert Freizeiteinrichtungen in aller Welt gehören, betrieben wird. Die Lego-Eigentümer selbst halten nur noch einen Minderheitsanteil am Park. Außerdem ist die Anlage in Billund längst kein Unikat mehr: Es gibt derzeit sechs Legoländer in aller Welt, die deutsche Ausgabe befindet sich im bayerischen Günzburg. Die Zeichen stehen weiterhin auf Expansionskurs, in Dubai, Japan und Korea sind weitere »Ländergründungen« geplant.

Beim Ausgang des Legolands aber wird man wieder überdeutlich an die Legowelt erinnert, ein Shop bietet da mit seiner bunten Produktvielfalt alles, was das junge oder junggebliebene Fan-Herz begehrt. Mit etwas mehr Geldeinsatz präsentiert sich das »lieblichste Land der Welt« dann noch ein wenig »lieblicher« …

Die Energiemusterinsel

Ein Besuch auf Samsø

Søren Hermansen ist ein bedächtig wirkender Mittfünfziger, der seine Gäste mit kräftigem Händedruck empfängt. Dass er, wie er erzählt, früher einmal einen Bauernhof betrieben hat und später als Lehrer an einer Volkshochschule tätig war, kann man sich gut vorstellen, dass er aber auch ein Öko-Revolutionär ist, merkt man ihm nicht sofort an. Aber es war wohl seine ruhige, freundliche Art, in der viel von Energie und Beharrlichkeit, nichts jedoch von Fanatismus zu spüren ist, mit der er es schaffte, dass seine Heimatinsel, das kleine Samsø, zu einer weltweit vielbeachteten Musterregion in Sachen erneuerbare Energie wurde. Søren Hermansen selbst wurde vom US-amerikanischen *TIME-Magazine* in die Riege der internationalen »Heroes of the Environment« gewählt und auch mit dem renommierten »Gothenborg Award«, der als Umwelt-Nobelpreis gilt, ausgezeichnet.

»Begonnen hat alles mit einem Wettbewerb, der 1997, veranlasst durch die Weltklimakonferenz in Kyoto, vom dänischen Energieministerium ausgeschrieben wurde«, erinnert sich Hermansen. »Es ging darum, einen Modellplan auszuarbeiten, wie eine Region innerhalb von zehn Jahren auf hundert Prozent Eigenversorgung mit erneuerbarer Energie umgestellt werden könnte.« Hermansen, der sich immer schon intensiv mit Energiefragen beschäftigt hatte, interessierte diese Herausforderung. Unterstützt von einer kleinen Energietechnikfirma entwarf er ein entsprechendes Konzept – und gewann den Wettbewerb. »Es ging uns aber natürlich nicht nur darum, ein Modell zu entwickeln, sondern wir wollten es auch tatsächlich umsetzen, hier, auf Samsø«, so Søren Hermansen.

Samsø liegt mitten im Kattegat, und wer auf die Insel will, muss eine Fähre nehmen – entweder die im jütländischen Hou, südlich von Aarhus, mit der die Überfahrt eine gute Stunde dauert, oder jene in Kalundborg auf Seeland, von wo man rund eine halbe Stunde länger braucht. Beide Fähren sind relativ groß und bieten nicht nur Platz für Pkws, sondern auch für die zahlreichen Lastwagen, die von und zur Insel unterwegs sind. Denn auf Samsø, das sich durch fruchtbare Böden, viele Sonnenscheinstunden und ein mildes, nahezu frostfreies Klima auszeichnet, gedeihen zahlreiche Arten von Obst und Gemüse, die nicht nur in ganz Dänemark verkauft, sondern auch nach Schweden und Norwegen geliefert werden. Auf der Insel gibt es sogar professionellen Weinbau. Berühmt sind die Samsø-Kartoffeln, frühe Sorten, die so beliebt sind, dass es den dänischen Zeitungen meist einen eigenen Bericht wert ist, sobald die Knollen – üblicherweise ab Anfang Mai – zu haben sind. Die Haubenrestaurants des Landes wetteifern Jahr für Jahr darum, die allererste Lieferung zu bekommen. Denn die frühen Samsø-Kartoffeln gelten als besondere Delikatesse, für die Spitzenpreise bezahlt werden: Von durchschnittlich hundertfünfzig Kronen pro Kilo ist da die Rede, der vor ein paar Jahren bei einer Auktion erzielte Rekordpreis betrug 1243,75 Kronen, das sind rund hundertsiebenundsechzig Euro. Kein Wunder also, dass die kleinen Kartoffeln gerne als Samsøer Goldklumpen bezeichnet werden.

Die Landwirtschaft ist der größte und wichtigste Erwerbszweig auf Samsø, und es bedurfte, so erinnert sich Søren Hermansen, vieler Diskussionen, um die bäuerliche Bevölkerung von den Vorteilen einer Umstellung der Energieversorgung zu überzeugen. Aber Hermansen hat es geschafft: Die elf auf der Insel errichteten Windkraftwerke und die zehn Anlagen im Meer vor der Südküste decken nicht nur den gesamten Strombedarf Samsøs, sondern produzieren auch einen ansehnlichen Überschuss, der ins gesamtdänische Netz eingespeist wird. »Und da die Windkraftwerke zu neunzig Prozent Eigentum der Einwohner Samsøs sind, ist auch die Zustimmung zu unserem Energiekonzept sehr groß. Denn jedes Mal, wenn sich das Windrad dreht, kommt Geld aufs Bankkonto«, so Søren Hermansen. Die Eigentumsformen sind dabei unterschiedlich: Einige

Anlagen gehören der Gemeinde Samsø, andere einzelnen Landwirten und wieder andere größeren oder kleineren Bürgergruppen. Beteiligt am Projekt – wenn auch mit mehr oder minder großen Anteilen – sind fast alle der rund viertausend Einwohner Samsøs: »Das erforderte Risikobereitschaft, beträchtliche Investitionen« – immerhin kostete die Errichtung der Windkraftanlagen insgesamt neunundfünfzig Millionen Euro – »und ein gutes Vertrauensverhältnis zwischen den Bürgern und den Projektverantwortlichen«, betont Hermansen. Alle Beschlüsse – wann, wo und wie viele Anlagen gebaut werden sollten – wurden gemeinschaftlich getroffen, weshalb Samsø in den dänischen Medien den Beinamen »Energiedemokratie« erhalten hat.

Die Kosten für die Windkraftwerke hat man mittlerweile wieder mit Gewinn hereingebracht, und Søren Hermansen kann noch auf eine Reihe von weiteren Erfolgen verweisen: »Siebzig Prozent unserer Wärmeversorgung kommt aus erneuerbaren Energiequellen, alle Häuser, die in den letzten Jahren gebaut wurden, sind Niedrigenergiehäuser, Samsø ist die Gemeinde Dänemarks mit den meisten Solarzellen pro Einwohner und bereits weit mehr als fünfzig Prozent der Autos sind strombetrieben.« Stolz ist er auch darauf, dass die Fähre, die zwischen der Insel und Jütland verkehrt, als erste Fähre Dänemarks mit Gas betrieben wird: »Dadurch wurde bei jeder Fahrt der Ausstoß an Kohlendioxid um zwanzig bis dreißig Prozent, der an Stickstoffpartikeln um achtzig und der an Schwefel um mehr als neunzig Prozent reduziert.« Das macht, bei den rund fünftausend Fahrten, die das Schiff jährlich absolviert, doch einiges aus. Und damit war es wohl auch leichter zu verschmerzen, dass der Treibstoffverbrauch der Fähre, die übrigens nach der dänischen Prinzessin Isabella benannt ist, im ersten Betriebsjahr, 2015, um einiges höher war, als man erwartet hatte. Mittlerweile behobene Probleme mit den Motoren seien ein Grund dafür gewesen, heißt es dazu in einer Aussendung der gemeindeeigenen Reederei, und überdies, so gesteht man ein, »mussten wir das Schiff erst kennenlernen, und die Kapitäne mussten lernen, damit zu fahren«. Søren Hermansen lässt sich durch derartige kleinere Rückschläge nicht entmutigen. Was die Fähre betrifft, so erläutert er, plane man ohnehin, das fossile Gas, das derzeit als Treibstoff verwendet wird, möglichst bald durch Biogas zu ersetzen: »Wir sind gerade dabei, eine Biogasanlage zu planen, in der wir unseren Abfall verarbeiten können. Dann können wir auf unserem eigenen Müll dahinschippern.«

Søren Hermansens Büro befindet sich in der »Energieakademie«, einem modernen Gebäude, das natürlich – unter anderem mit großen, nach dem optimalen Lichteinfall ausgerichteten Fenstern und Solarzellen auf dem Zinkdach – energietechnisch sehr ausgeklügelt gestaltet ist. Fast immer ist hier viel los, denn die Energieakademie bietet Vorträge und länger dauernde Seminare an, die auch international viel Anklang finden und Studentengruppen aus den USA ebenso anlocken wie Technikerdelegationen aus China.

Aber nicht nur für Energieexperten ist Samsø ein interessantes Reiseziel. Der Tourismus ist der nach der Landwirtschaft zweitwichtigste Erwerbszweig der Insel. Von der Süd- bis zur Nordspitze sind es gerade einmal achtundzwanzig Kilometer, von der West- bis zur Ostküste maximal acht. Zu finden sind auf den hundertvierzehn Quadratmetern geschäftige Segel- und Jachthäfen, breite Radwege, lange Strände, idyllische Dörfer, eines der größten Labyrinthe der Welt und ein Golfplatz, der in Zusammenarbeit mit der Energieakademie zum »Testzentrum für umweltfreundliches Greenkeeping« wurde. Dass es bei all dieser Perfektion auf der Energiemusterinsel auch ein Dorf gibt, das tatsächlich »Besser« heißt, verwundert da kaum noch.

»Hier ist Sand, nochmals Sand, nichts ohne Sand«

Im Land an Nord- und Ostsee

Ein Schritt voran, zwei zurück. Immer wieder sinkt man knöcheltief im Sand ein. Eine Kuppe, noch eine Kuppe, und je höher man kommt, desto stärker bläst einem der Wind den Sand ins Gesicht. Der Aufstieg ist mühsam, aber er lohnt sich. Denn hat man endlich die höchste Kuppe von Råbjerg Mile erklommen, wird man durch eine imposante Aussicht belohnt. Ringsum Sand, viel Sand. Eine riesige Düne, die allmählich in eine karge Heide übergeht, dann, schon in einiger Entfernung, niedrige Wälder – und am Horizont das Meer: auf der einen Seite die Nordsee, auf der anderen die Ostsee.

Råbjerg Mile ist eine der größten Wanderdünen Europas. Rund vier Millionen Kubikmeter Sand sind es, die im äußersten Norden von Jütland, auf der nur wenige Kilometer schmalen Landzunge Skagens Odde, eine ganz einzigartige Landschaft bilden, die oft als die »dänische Wüste« bezeichnet wird. Seit dem Jahr 1900 steht Råbjerg Mile unter Naturschutz, und deshalb darf sie auch ungehindert wandern. Begonnen hat ihr Weg an der Westküste, doch da sie sich mit lemmingartiger Zielgerichtetheit alljährlich durchschnittlich fünfzehn Meter weiter nach Osten wälzt, wird sie wohl um das Jahr 2250 in der Ostsee verschwunden sein. Vorher aber muss sie auf ihrer Wanderung die Bahnlinie und die Schnellstraße, die nach Skagen, in die nördlichste Stadt Dänemarks, führen, überqueren – und damit unter sich begraben. Es sei denn, die Gleisanlagen und die Straße werden rechtzeitig verlegt. Derzeit gibt es dafür noch keine konkreten Pläne. Es hat ja noch Zeit. Und außerdem hat man hier über die Jahrhunderte lernen müssen, mit dem Sand zu leben.

Råbjerg Mile ist das Produkt einer klimatischen und ökologischen Katastrophe, die als *Den store sandflugt* – »Der große Sandflug« – bezeichnet wird. Die gewaltigen Sandverlagerungen, deren Auswirkungen das Landschaftsbild vieler Teile der Westküste und der Nordspitze Jütlands bis heute prägen, setzten Mitte des 16. Jahrhunderts ein. Damals, während der Kleinen Eiszeit, sank der Meeresspiegel – da große Wassermengen durch Vereisung gebunden waren – deutlich ab, die Strände wurden breiter und dadurch wurde mehr Sand freigelegt, der dann von den an der Nordseeküste herrschenden Stürmen in immer größeren Mengen an Land geblasen wurde. Dort traf er auf wenig Widerstand, denn schon zu Wikingerzeiten hatte man begonnen, weite Teile der einst vorhandenen Wälder abzuholzen. Hatte man damals vor allem Material für den Schiffsbau gebraucht, so war während der Kleinen Eiszeit auch vermehrt Brennmaterial zum Heizen der Fischerkaten und Bauernhäuser vonnöten. Die Landschaftsschäden, die durch jahrhundertelange intensive Beweidung und durch den Torfabbau entstanden waren, taten das Übrige, und so versanken immer weitere Landstriche unter den Dünen und ganze Dörfer mussten dem Sand überlassen werden. Gestoppt werden konnte der Sandflug erst, als man gegen Ende des 19. Jahrhunderts mit dem systematischen Anlegen von sogenannten Dünenplantagen begann. Dafür holte man sich zunächst Bergkiefern aus Mitteleuropa, da diese Baumart mit den harten Bedingungen am besten zurechtkam. Nach und nach fügten sich andere Gehölze ein, und auch das küstentypische Buschwerk kehrte wieder zurück. Allerdings gab es auch Proteste gegen die Aufforstungen. Die sich damals formierende dänische Naturschutzbewegung wandte sich gegen die Umformung der so eigentümlichen Landschaft, die der Sand geschaffen hatte. Eine Kompromisslösung war dann die Unterschutzstellung von Råbjerg Mile.

Ende der achtziger Jahre des 19. Jahrhunderts hatte man den Sandflug so weit gebändigt, dass eine Eisenbahnlinie nach Skagen angelegt werden konnte. Zuvor war die Stadt an der Nordspitze Jütlands, die oft als »Insel im Sandmeer« bezeichnet wurde, nur sehr schwer erreichbar gewesen. Im Landesinneren war ein Weiterkommen in den sich ständig verlagernden Dünen sehr beschwerlich und fast nur zu Fuß möglich. Daher führten die beiden Hauptrouten an den Küsten entlang – entweder an der Nord- oder an der Ostsee. Aber auch diese Wege waren nichts anderes als holprige Sandpfade. Der Märchendichter Hans Christian Andersen, der im August 1859 in einer Pferdekutsche die Ostseeküste entlang von Frederikshavn nach Skagen fuhr, nannte die Fahrt eine »Amphibienreise halb im Wasser, halb auf dem Lande«. Andersen wird oft als der erste moderne Tourist in dem heutzutage bei Urlaubern so beliebten Ort bezeichnet. Dies vermutlich zu Recht, denn vor ihm war wohl kaum jemand auf die Idee gekommen, die anstrengende Reise auf sich zu nehmen, bloß um Land und Leute kennenzulernen, zu schauen und um Inspirationen zu sammeln.

Besonders beeindruckt war Hans Christian Andersen von der Tilsandede Kirke, der versandeten Kirche, die heute eine der Hauptsehenswürdigkeiten der Region und die vielleicht berühmteste Kirche Dänemarks ist. Doch eigentlich ist sie ja gar keine Kirche mehr, denn von dem Gebäude ist lediglich der Kirchturm übrig, von dem aber auch nur noch der obere Teil aus dem mit Heidekraut und kümmerlichen Büschen bewachsenen Boden ragt.

Errichtet wurde die versandete Kirche um 1375. Der Bauplatz etwas außerhalb von Skagen war damals ideal. Denn hier, auf einer kleinen Anhöhe oberhalb der Ostseeküste, war man vor den Überschwemmungen, von denen die Stadt so oft betroffen war, sicher, hier hatte man einen festen, flachen Boden für eine stattliche Kirche, einen Friedhof und noch ein paar weitere Gebäude. Rund vierhundert Jahre war das dem heiligen Laurentius geweihte Gotteshaus ein religiöses Zentrum der Region. 1775 aber wurde der Eingang zur Kirche nach einem heftigen Sturm erstmals von einer Düne versperrt, und zwar ausgerechnet an einem Feiertag, nämlich am Großen Bettag, der in Dänemark stets am vierten Freitag nach Ostern begangen wird. Der Eingang musste freigeschaufelt werden – und das wurde in Folge immer häufiger nötig, bis man zwanzig Jahre später den Kampf gegen die Naturgewalten aufgab. Das Kirchenschiff wurde zum Großteil abgerissen, geblieben sind die Grundmauern, der Kirchenboden, Teile des Altarraums und die Friedhofsgräber. All das ist mittlerweile von mehreren Metern Sand bedeckt. Den Kirchturm ließ man als Seezeichen für den Schiffsverkehr in der Ostsee stehen, und damit er auch gut sichtbar war, wurde der ursprüngliche Backsteinbau weiß getüncht.

Hans Christian Andersen war von der versandeten Kirche, wie seinen Aufzeichnungen zu entnehmen ist, sehr beeindruckt. Vermutlich wusste er, dass die Kirche nicht in ihrer Gesamtheit unter dem vielen Sand erhalten geblieben war, dennoch malte er sich aus, wie es wäre, wenn »einmal Stürme aus dem Westen die schweren Sanddünen hinwegfegen« würden »und die Sonnenstrahlen wieder durch die offenen Fensterbögen herein auf die Bilder im Chor fallen, auf die lange Reihe der Porträts der Ratsherren und Bürgermeister von Skagen«. »Skagens Pompeji«, wie Andersen die versandete Kirche bezeichnete, inspirierte ihn auch zur tragischen Erzählung »Eine Geschichte aus den Sanddünen«. Darin stirbt ein Mann während eines Sandsturms einsam in der Kirche. »Am folgenden Morgen«, so setzt die Erzählung fort, »war Sonntag, die Gemeinde und der Pfarrer begaben sich zum Gottesdienst. Der Weg zur Kirche war mühsam gewesen, der Sand hatte den Weg fast ungangbar gemacht, und jetzt, wo sie endlich am Ziel waren, lag ein großer Sandhügel hoch aufgetürmt vor dem Eingang zur Kirche, die Kirchentür war verschüttet. Der Pfarrer sprach ein kurzes Gebet und sagte, Gott habe die Tür dieses seines Hauses verschlossen, die Gemeinde müsse zurückkehren und dem Herrn anderswo ein neues Haus errichten.« Die Kirchentür wird nie mehr geöffnet, niemand weiß, wo der Mann, nach dem überall gesucht wird, geblieben ist: »Der Flugsand hat die mächtigen Gewölbe überdeckt, Dünenweißdorn und wilde Rosen wachsen über die Kirche hin, über die der Wanderer jetzt zum Turm hinschreitet, der, ein riesiger Leichenstein auf dem Grabe, aus dem Sande emporragend, meilenweit zu sehen ist; keinem Könige setzte man einen prächtigeren

Stein. Niemand stört die Ruhe des Toten; niemand wusste es, und auch niemand weiß es, erst jetzt kennen wir sein Grab« – denn, so schließt Andersen seinen Text, »der Sturm hat mir in den Sanddünen davon gesungen.«

Während seines zweitägigen Aufenthalts in Skagen wohnte Hans Christian Andersen in dem heute als Brøndums Hotel bekannten Haus. Das schmucke Backsteingebäude im Zentrum von Skagen beherbergte damals einen Kaufmannsladen und eine kleine Pension. Zwar waren die Besitzer, das Ehepaar Ane und Erik Brøndum, durchaus versierte Gastgeber, die Ankunft einer derartigen Berühmtheit, wie sie Andersen war, versetzte aber vor allem die damals hochschwangere Ane in einige Aufregung. Außerdem soll der Dichter nach der anstrengenden Reise ziemlich übler Laune gewesen sein. Als sich dann auch noch das Küchenmädchen beim Fischhändler, von dem es ein paar frische Schollen für den anspruchsvollen Gast holen sollte, verplauderte und Andersen daher sein Abendessen mit reichlicher Verspätung bekam, soll er sich – so erzählt man es bis heute in Brøndums Hotel – so »hysterisch« aufgeführt haben, dass bei Ane Brøndum vor Schreck die Wehen einsetzten. Sie brachte ein Mädchen zur Welt und meinte, dass die Tochter sicher ein besonderes künstlerisches Talent mitbekommen habe, weil doch zur Zeit ihrer Geburt Hans Christian Andersen im Haus anwesend gewesen war.

Ane Brøndum sollte recht behalten – zumindest, was das künstlerische Talent ihrer Tochter Anna anging. Denn schon bald zeigte sich, dass diese sehr gut malen und zeichnen konnte. Das fiel auch dem Maler Michael Ancher auf, der ab Mitte der siebziger Jahre des 19. Jahrhunderts sehr oft in Skagen zu Gast war. Ancher unterstützte die um zehn Jahre jüngere Anna in ihren künstlerischen Ambitionen, die beiden verliebten sich ineinander und heirateten an Annas einundzwanzigstem Geburtstag. Zu jener Zeit begann sich eine Art Künstlerkolonie zu formieren, deren Mittelpunkt Anna und Michael Ancher wurden und die als »Skagen-Maler« internationale Bekanntheit erlangen sollte. Beeinflusst vom französischen Realismus und der Pleinairmalerei fanden die Künstler ihre Motive in und um Skagen, und oft sind es Szenen aus dem harten Leben der Fischer und Bauern, die sie in ihren Bildern festhielten. Aber auch für einander waren die Skagen-Maler Modelle. Denn sie bildeten zwar nie eine formelle Gruppe, waren aber freundschaftlich eng miteinander verbunden.

Deutlich zu merken ist dies auf zwei Gemälden des vielleicht berühmtesten Skagen-Malers, nämlich Peder Severin Krøyer. Das eine, das den Titel »Hip, hip, hurra!« trägt und sich im Kunstmuseum Göteborg befindet, zeigt eine fröhliche Gesellschaft, die sich in einem Garten rund um einen Tisch versammelt hat, wo man einander mit Champagner zuprostet. Zu erkennen sind auf dem Gemälde unter anderen Anna und Michael Ancher und deren Tochter Helga, die Maler Oscar Björck, Viggo Johansen, Christian Krohg, Krøyer selbst und Anna Anchers Bruder Degn Brøndum, der nach dem Tod des Vaters das Hotel weiterführte und es zum Treffpunkt der Skagen-Maler werden ließ. Das zweite Krøyer-Bild, das den Titel »Ved frokosten« – »Beim Mittagessen« trägt, führt in den Speisesaal des Hauses, wo sich Björck, Krohg, Michael Ancher und noch einige weitere Maler zu einer Tischrunde zusammengefunden haben. Dieses Gemälde befindet sich im Kunstmuseum von Skagen, das eine beeindruckende Sammlung von mehreren Tausend Kunstwerken – ein Großteil davon Bilder der Skagen-Maler – umfasst. Eine besondere Attraktion des Hauses ist der alte Speisesaal aus Brøndums Hotel, also eben jener Raum, in dem einander einst die Künstler zum Mittagessen trafen. 1946 wurde er in das Museum transferiert – zusammen mit jenem Gemäldefries, der ringsum direkt unterhalb der Decke angebracht war. Es sind mehrere Dutzend Porträts, die die Skagen-Maler im Laufe der Jahre voneinander gemalt haben und dem Hotelbesitzer Degn Brøndum schenkten oder ihm in manchen Fällen als Gegenleistung für Kost und Logis überließen.

Was die Künstler in Skagen besonders faszinierte und was sie in ihren Bildern immer wieder festzuhalten versuchten, war das ganz spezielle »Skagen-Licht«, das alles ringsum klarer und die Farben strahlender wirken lässt. Wieder einmal ist es der Sand, der hier ins Spiel kommt: Denn die Milliarden von feinsten Sandkörnern in den Dünen und an den Stränden wirken wie reflektierende Prismen, die ein starkes weißes Licht entstehen lassen, in dem die Schatten nahezu verschwinden. Aber auch das umgebende Meer mit seinen glitzernden Wellen tut seine Wirkung.

In Skagen ist die Landzunge nur noch knapp drei Kilometer breit, und daher liegt die Stadt sowohl an der Nord- als auch an der Ostsee. Am Nordseeufer – der Meeresabschnitt hier wird auch Skagerrak genannt – ist es ruhiger, da findet man Einfamilienhäuser, kleine Pensionen, einige wenige gemütliche Hotels. Auf der östlichen Seite, an dem als Kattegat bezeichneten Teil der Ostsee, befinden sich der Hafen und das mit seinen kleinen, meist strahlend gelb getünchten Häusern sehr fröhlich wirkende Stadtzentrum, das mit vielen Läden und Lokalen allsommerlich zahllose Besucher anlockt.

Ein paar Kilometer nördlich von Skagen, an der Landspitze Grenen, treffen die beiden Meere aufeinander, was an den unterschiedlichen Farben des Wassers und an dem sich oft zu hohen Schaumkronen formierenden Aufeinanderprall der Wellen erkennbar ist. Wer mag, kann hier mit einem Fuß in der Nord- und mit dem anderen in der Ostsee stehen. Zu weit hinauswagen aber sollte man sich nicht, die Strömungen können recht tückisch sein, weshalb hier das Schwimmen verboten ist.

Versteckt in den Dünen von Grenen befindet sich das Grab des Schriftstellers und Malers Holger Drachmann, der ebenfalls der Skagener Künstlerkolonie angehörte. Drachmann, der Ende des 19. Jahrhunderts zu den erfolgreichsten und auch international bekanntesten dänischen Autoren gehörte, war eine schillernde Persönlichkeit. In seinen literarischen Werken, zu denen Romane, Theaterstücke und viele Gedichte gehören, gab er sich zunächst sozial engagiert und liberal, später dann radikal nationalistisch; Aufsehen erregte er mit zahlreichen und oftmals skandalumwitterten Liebesaffären. Ab den siebziger Jahren zog es den aus Kopenhagen stammenden Künstler immer wieder nach Skagen, das für ihn eine Art Refugium darstellte, weshalb er das Fachwerkhaus, das er 1902 dort kaufte und das heute ein sehenswertes Drachmann-Museum ist, auch »Villa Pax« nannte.

In Holger Drachmanns Malerei war das wilde, sturmgepeitschte Meer ein zentrales Thema, und immer wieder verarbeitete er dabei Ansichten von den Küsten des jütländischen Nordens. »In Skagen – in dieser Wüste unseres Heimatlandes – gibt es keine Wälder, keine Felder, keine Wiesen«, schrieb er in einer seiner Erzählungen. »Hier ist Sand, nochmals Sand, nichts ohne Sand. Und dann gibt es hier auch den Himmel mit großen, treibenden Wolken, und schließlich das Meer, die

Wellen des Kattegats mit ihren glitzernden Spitzen auf der einen Seite – und auf der anderen, über die dahinfegenden Sanddünen hinweg, das ferne Gebrüll der Nordsee.«

Dorsch, Hering und Rotbarsch

Fischauktion in Skagen

Es beginnt wie in einem James-Bond-Film: Man steht im Morgengrauen vor einer großen, düsteren Betonhalle, und wenn einem ein mürrischer Gabelstaplerfahrer nicht den richtigen Schalter zeigen würde, käme man nie in das Gebäude. Ein Druck auf den Knopf also, ein großes Rolltor öffnet sich knarrend und gemächlich – und man steht in einem kargen, menschenleeren Schleusenraum vor einer weiteren mächtigen Sperre. Die Tür hinter einem geht inzwischen ebenso geräuschvoll zu, wie sie sich geöffnet hat – und schon ist man eingesperrt. Nach einem weiteren Knopfdruck aber öffnet sich langsam das zweite Tor und gibt die Sicht auf eine riesige Kühlhalle frei. Fein säuberlich geordnet ist da der Fischfang der Nacht und des frühen Morgens in zahllosen grünen, gelben und blauen Plastikboxen aufgestapelt. Es ist kalt, die anwesenden Männer tragen Anoraks und begutachten kritisch das Angebot. Alle kennen einander, bleiben aber eher einsilbig, Small Talk ist nicht angesagt. Als Außenstehender wird man nicht gerade eingeladen, an der Fischauktion hier in Skagen teilzunehmen, aber man wird nachsichtig geduldet.

Nur für einen alten Fischer, der sich von seiner einstigen Welt auch in der Pension nicht trennen kann und der an jeder Auktion als Beobachter teilnimmt, sind interessierte Touristen eine willkommene Abwechslung. Ihnen erzählt er – falls sie Dänisch können und dann auch noch seinen norddänischen Dialekt einigermaßen verstehen – von der Fischerei früherer Zeiten und erklärt das Auktionsprozedere und die angebotenen Fische: Es sind Dorsch und Hering, außerdem Seehecht, Schwarzer Heilbutt und Rotbarsch. Und, wie fast immer, gibt es auch viele Garnelen. Pro Kistenstapel, so erklärt der alte Fischer, gehöre ein Fisch ihm, daran hätten sich alle gewöhnt, aber eigentlich nicht ihm, sondern seinen jahrzehntelangen Weg- und Bootsgefährten – den Möwen. So wandert er von Stapel zu Stapel, nimmt überall einen Fisch und lädt ein, ihm hinaus in den Hafen zu folgen, wo ihn die Vögel offenbar schon erwarten. Er wirft ihnen seine Beute zu, immer mit der frommen Aufforderung versehen, die Fische auch gerecht untereinander aufzuteilen, was mit der biologischen Konzeption des Vogelschwarms nicht wirklich vereinbar ist, nur die Schnellsten und Stärksten kommen zum Zug. Aber sie verstehen ja auch nicht wirklich Dänisch …

Zurück in der Halle ist es dann so weit: Eine Glocke läutet und der groß gewachsene Auktionator betritt grußlos den Raum, gefolgt von seinem ebenso grußlosen Gehilfen, der auf einer Art Bauchladen einen Computer dabeihat, mit dem er über alle Verkäufe Buch führt. Der Auktionator beginnt mit dem ersten Versteigerungslos, er schlägt mit einem großen Eisenstab auf den Stapel und rattert sofort laut und scheinbar ohne Atem zu holen die imaginären Zahlenkolonnen der zu erzielenden Preise hoch. Er und seine Kundschaft kennen einander offenbar so gut, dass minimale Reaktionen reichen, um einen Kauf zu tätigen. Als Beobachter weiß man eigentlich nicht so recht, wie es tatsächlich vonstattengeht. Wohlmeinende Insider warnen deshalb unerfahrene Besucher ein wenig scherzhaft davor, mit dem Auge zu auffällig zu zwinkern oder die Braue zu ungestüm zu heben, denn das könne schon als Kaufangebot missverstanden werden und man stehe dann mit mindestens fünfzig Kilogramm Dorsch bester Qualität da. Ist der Kauf perfekt, schlägt der Leiter der Auktion wieder mit dem Stock auf den Stapel und geht zum nächsten weiter. Die Käufer legen eine Karte auf ihr neu erstandenes Eigentum, und per Gabelstapler werden die Behälter sofort in die Kühlwagen der Fischhändler verfrachtet. Die einzige Person, die hier schwere körperliche Arbeit verrichtet, nämlich die vollgefüllten, schweren Kisten zum Abtransport herrichtet, ist auch die einzige Frau in der Halle. Unter den Männern in gefütterten Anoraks sticht die große blonde Frau in Latzhose und T-Shirt deutlich hervor.

Nach einer halben Stunde ist alles vorbei, die Lastwagen setzten sich mit dem frischen Fisch in

Bewegung, ein paar ältere Herren, die für ihre Familie einen günstigen Kauf tätigen wollten, ziehen betrübt wieder ab, diesmal hatten sie kein Glück, die Großhändler haben alles weggekauft. Der alte Fischer kehrt wieder murmelnd zu seinen Möwen zurück. Spätestens morgen wird er wieder da sein, vielleicht aber auch schon in ein paar Stunden, sollte es eine zweite Auktion geben. Das ist in Skagen oft der Fall, denn es gibt genug zu versteigern hier, im größten Fischereihafen Dänemarks. Alljährlich wird Skagen von mehr als sechstausend Fischereischiffen angefahren. Es sind oft riesige Trawler, die ihren Fang hier abladen, und es ist beeindruckend, wie rasch das geht: über Förderbänder herunter vom Schiff, dann hinein in große Kühlwagen – oder eben hinüber in die Auktionshalle.

Leberpastete und Neue Nordische Küche

Die kulinarische Seite Dänemarks

»Begonnen hat alles mit einer Kiste Äpfel«, erzählt Jan Krag Jacobsen. »Claus Meyer und ich sollten als Vertreter Dänemarks zu einer Konferenz nach Brüssel fahren. Es ging dort um regionale Lebensmittel, und eigentlich waren wir ein wenig ratlos, was wir da mitbringen könnten. Im Vergleich zu all den Köstlichkeiten, die etwa die Franzosen und die Italiener präsentieren würden, gab es doch bei uns nichts Besonderes, dachten wir. Fast ein wenig aus Trotz sagte Claus: ›Okay, packen wir einfach ein paar Äpfel ein.‹ Und dann geschah das Tolle, dass die Spitzenköche, die an der Konferenz teilnahmen, wild begeistert von unserem Obst waren. Für uns war es ein entscheidender Moment. Denn uns wurde plötzlich klar, dass auch wir im Norden kulinarisch etwas ganz Eigenes zu bieten haben!«

Es war eine Erkenntnis, die zu einem radikalen Imagewandel führen sollte. Hatte die skandinavische Gastronomie zuvor als wenig abwechslungsreich, sehr traditionell und im besten Fall als Kopie französischer Vorbilder gegolten, so war nun auf einmal von spannenden Innovationen und interessanten kulinarischen Experimenten die Rede. International berühmt wurde die sogenannte Neue Nordische Küche durch das Kopenhagener Restaurant »Noma«, das in Fachzeitschriften mehrfach zum besten Restaurant der Welt gewählt wurde. Während Claus Meyer und René Redzepi, die das Noma 2003 gemeinsam gründeten, sozusagen die Frontmen der Neuen Nordischen Küche sind, könnte man Jan Krag Jacobsen wohl als den Mastermind bezeichnen.

Jacobsen ist Ernährungswissenschaftler, hat an dänischen Fachschulen und Universitäten unterrichtet, war Präsident der Dänischen Gastronomischen Akademie, der er mittlerweile als Ehrenmitglied angehört, und er hat eine Vielzahl von Publikationen zum Thema Ernährung herausgebracht. So auch jenes »Manifest der Neuen Nordischen Küche«, das – formuliert in zehn Punkten und mit ausführlichen Erläuterungen – zu einer Art kulinarischem Glaubensbekenntnis wurde. Das Hauptgebot dabei ist die vorrangige Verwendung von Grundprodukten aus Skandinavien, die, wie es in Punkt eins heißt, »die Reinheit, Frische, Einfachheit und Ethik ausdrücken, die wir gerne mit unserer Region verbinden«. Als Beispiele nennt Jacobsen die zahlreichen Wildpflanzen, die es in Dänemark gibt, die Pilze, die in Norwegen und Schweden zu finden sind, und die vielen Beeren – »mehr als fünfzig verschiedene essbare Sorten«, die in den Wäldern Finnlands wachsen.

Diese oft kaum beachteten Ressourcen wolle

die Neue Nordische Küche auf den Tisch bringen, und zwar – auch das ist streng geboten – so weit wie möglich naturbelassen und den Jahreszeiten angepasst. »Dieser große nordische Raum hat ja ungeheuer viel zu bieten, weil es so viele unterschiedliche Landschaften und Klimate gibt. Aber dennoch bildet er eine Einheit, weil wir einander in unserer Mentalität doch ähnlich sind und viele gemeinsame Werte haben.« Deshalb heiße es ja auch Neue Nordische Küche und nicht »Neue Dänische Küche«. Darauf hinzuweisen ist Jan Krag Jacobsen wichtig: »Es geht um regionale Identität und um einen geografischen Raum, der lange Zeit in seinen kulinarischen Möglichkeiten stark unterschätzt wurde. Jeden Nationalismus aber lehnen wir ab, es ist ein offenes Konzept, und alle aus dem Norden können mitmachen.« Zur Abfassung des Manifests – das dann auch ganz zeremoniell von zwölf Spitzenköchen aus den skandinavischen Ländern unterschrieben wurde – sei er übrigens, so fügt Jacobsen hinzu, durch die Grundsatzerklärungen verschiedener Künstlergruppen inspiriert worden. Ein wichtiges Vorbild war da natürlich vor allem »Dogma 95«, also die berühmten, 1995 formulierten zehn Regeln für die dänischen Dogma-Filme: »Dabei ging es ja auch um Echtheit, Einfachheit und Direktheit.« Insofern könne man die Neue Nordische Küche durchaus als eine Parallelentwicklung zum Schaffen von Regisseuren wie Lars von Trier oder Thomas Vinterberg bezeichnen.

Die Zwischenfrage, ob denn die Neue Nordische Küche nicht eine sehr teure, exklusive Sache sei, hat Jan Krag Jacobsen natürlich erwartet: »Man hört viel von den hohen Preisen in den berühmten Restaurants. Das geht ja bis zu zweitausend Kronen pro Person für ein Menü, dazu vielleicht noch tausend Kronen für den Wein. Und außerdem muss der Tisch oft Wochen oder Monate vorher reserviert werden.« So gesehen, meint Jacobsen, sei die Neue Nordische Küche natürlich extrem exklusiv. »Wenn Sie aber in einen dänischen Supermarkt gehen, dann können Sie sehen, dass sich auch da einiges getan hat. Es wird, im Gegensatz zu früher, großer Wert auf Saisonales und Regionales gelegt, und es gibt eindeutig ein gesteigertes Interesse an nordischen Produkten.« Ein Beispiel dafür sei Skyr, jenes joghurtartige Milchprodukt, das über Jahrhunderte für die isländischen Bauern fast eine Art Grundnahrungsmittel darstellte: »Das kannte man früher hier überhaupt nicht, und es hätte sich auch bestimmt niemand dafür interessiert. Auf einmal aber sind die Regale voll damit.«

Original isländischer Skyr sei allerdings, so weiß Jacobsens Tochter Nina Bauer, um einiges säuerlicher als der, den man in Dänemark zu kaufen bekommt und der außerdem gar nicht in Island, sondern von einem großen dänisch-schwedischen Milchkonzern hergestellt werde. Nina Bauer ist oft zu Besuch bei ihrem Vater, der in der kleinen Stadt Farum, nördlich von Kopenhagen, in einem alten Bauernhaus wohnt. Den ehemaligen Stall hat Jacobsen zu einem gemütlichen Arbeitszimmer umgebaut. Hier treffen Vater und Tochter einander gerne zu Diskussionen über das gemeinsame Thema Kulinarik. Nina Bauer ist Historikerin, hat sich auf die Kulturgeschichte des Essens spezialisiert und beschäftigt sich derzeit vor allem mit der traditionellen dänischen Küche. Diese sei stark ländlich geprägt, und, so Bauer, meist ziemlich fetthaltig. Immer noch, das zeigen Verkaufszahlen und Konsumentenumfragen, ist *flæskesteg*, der dänische Schweinebraten, landesweit das absolute Lieblingsgericht – unbedingt mit knuspriger Kruste und mit Rotkohl, karamellisierten Kartoffeln und dicker brauner Sauce. Der hohe Stellenwert, den *flæskesteg* hat, zeigt sich auch darin, dass der Schweinebraten das klassische dänische Weihnachtsessen ist. Traditionellerweise gibt es dazu dann als Dessert *risengrød,* einen Reisbrei, der mit viel Zucker, Zimt und einem ordentlichen Klacks Butter zubereitet wird. Und vor allem kommt bei der Zubereitung auch eine ganze Mandel – aber nur eine einzige – in den Brei. Wer diese dann in seiner Portion findet, bekommt eine *mandelgave,* ein »Mandelgeschenk«, das früher meist aus ein paar Süßigkeiten bestand, für das mittlerweile aber auch schon diverse Webshops auf eigenen *Mandelgaver*-Seiten vom Schlüsselanhänger bis zur Notebook-Halterung zahlreiche Vorschläge liefern. Die Mandel im Brei ist der Grund dafür, dass das Gericht oft auch *risalamande* genannt wird. Das ist nicht unbedingt korrektes Französisch, klingt aber so und verleiht dem Brei Exklusivität. Die gefiel auch den Schweden, die, als sie *risalamande* aus der dänischen Küche übernahmen, die Köstlichkeit dann zu Ris à la Malta verballhornten.

Ganz unrecht hatten die Dänen übrigens nicht, wenn sie mit dem Namen darauf hinweisen wollten, dass der Reisbrei etwas Besonderes sei. Einen süßen Festtagsbrei hatte es zwar schon seit Langem gegeben, bis weit ins 19. Jahrhundert hinein aber wurde dieser meist aus Hafer, Gerste oder Roggen hergestellt, denn Reis war so teuer, dass er tatsächlich ein Exklusivprodukt darstellte. Aber woraus auch immer der Weihnachtsbrei gekocht wurde, auf jeden Fall war ein Teil davon für den *Julenisse,* das skandinavische Pendant zum Weihnachtsmann, reserviert. Meist stellte man eine Portion in einer kleinen Schüssel vor die Haustür. Auch heute noch wird diese Tradition von so manchen Dänen gepflegt – und zwar durchwegs von Katzenbesitzern, denn man weiß, dass dem kleinen Kobold mit der roten Zipfelhaube der Brei am besten in schnurrender Gesellschaft zu schmecken scheint.

Nicht nur zu Weihnachten, sondern das ganze Jahr über isst man in Dänemark *leverpostej,* eine aus Schweineleber hergestellte Pastete. Ganze zweiundneunzig Prozent der Dänen geben an, sich regelmäßig *leverpostej* aufs Roggenbrot (das die bei Weitem beliebteste Brotsorte des Landes ist) zu streichen. Die Beliebtheit der Leberpastete liegt damit, wie vor Kurzem in einem Gastrokommentar zu lesen war, noch um gut zehn Prozent über jener des Königshauses. *Leverpostej* ist aus der dänischen Küche nicht wegzudenken. Wenn es etwa um *smørrebrød* geht, also um jene typisch dänischen belegten Brote, dann gehört *leverpostej* unbedingt dazu. Natürlich nie nur Pastete, denn wie bei jedem echten *smørrebrød* ist auch hier *pynt* vonnöten, was »Schmuck« bedeutet und etwa in Form von Gurkenscheiben, Zwiebelringen, roten Rüben, Kapern, Fleischgelee und noch vielem mehr auf der mit *leverpostej* belegten Brotschnitte drapiert werden kann. Gerne und vor allem bei festlichen Anlässen wird die Pastete, die üblicherweise in Aluformen verkauft wird, auch warm gegessen, belegt mit gebratenen Champignons und gerösteten Speckstreifen.

Für einen Beitrag beim renommierten »Oxford Symposium on Food and Cookery« hat sich Nina Bauer mit der Frage beschäftigt, wann und wieso die Leberpastete ihren Einzug in die dänischen Küchen hielt. Der Konferenzort war dabei durchaus passend, denn die Sache hat kurioserweise einiges mit den kulinarischen Vorlieben der Engländer zu tun. Konkret gesagt mit Schinken und Speck. »Und natürlich auch«, so ergänzt Nina Bauer, »mit der in Dänemark sehr starken landwirtschaftlichen Genossenschaftsbewegung. Denn gut organisiert, konnte man ab der zweiten Hälfte des 19. Jahrhunderts enorm viel Schinken und Speck nach England exportieren. Damit konzentrierte man sich in Dänemark mehr und mehr auf die Schweinezucht.« Daran hat sich übrigens bis heute nur wenig geändert: Dänemark ist der fünftgrößte Schweineproduzent innerhalb der Europäischen Union, neunzig Prozent des Schweinefleischs gehen in den Export, die Hauptabnehmerländer sind Deutschland und weiterhin Großbritannien. »Wir schickten also Schinken und Speck nach England«, setzt Nina Bauer ihre Ausführungen zur *Leverpostej*-Geschichte fort, »und uns blieb dann bei diesem sehr guten Geschäft viel Leber übrig. Zum Glück aber gab es damals zwei wichtige technische Innovationen, nämlich die Erfindung industrieller Fleischhackmaschinen und die Entwicklung moderner Backöfen. Bis dahin war die Herstellung von Pastete ja sehr zeitaufwendig gewesen, und *leverpostej* war dadurch eine ziemlich teure Ware. Um 1900 aber entstanden in Dänemark etliche Fabriken, in denen die vom Export übrig gebliebene Leber in großen Mengen industriell verarbeitet werden konnte. Damit wurde aus dem früheren Exklusivprodukt plötzlich etwas, das sich alle leisten konnten.«

Populär sei die Pastete auch deshalb geworden, erklärt Nina Bauer, weil sie sich ideal als Aufstrich für die *madpakker* eigne, also für jene Pausenbrote, die bis heute ein fixer Bestandteil des dänischen Schul- und Arbeitslebens sind:

»Natürlich gibt es auch bei uns Kantinen, natürlich geht man hin und wieder auch mit Kolleginnen und Kollegen Mittag essen, trotzdem aber nehmen sich auch weiterhin sehr viele ihre Brote von zu Hause mit. Und mindestens ein Stück mit *leverpostej* gehört da einfach dazu.« Allerdings hätten ihre Landsleute ein etwas eigentümliches Verhältnis zur beliebten Pastete, meint Nina Bauer abschließend: »Einerseits wird immer wieder betont, dass sie eines unserer Nationalgerichte sei, andererseits aber wird *leverpostej* im übertragenen Sinn oft als Ausdruck für etwas Langweiliges, Uninteressantes verwendet. So etwa bezeichnet man eine gewisse Haarfarbe – eine Art stumpfes Braunblond – als *leverpostejsfarvet*, und wenn es darum geht, Gruppen der dänischen Gesellschaft als konservativ und wenig flexibel zu charakterisieren, dann ist in Debatten oder in Zeitungsartikeln oft von *Leverpostejsdanmark* die Rede.«

Unter dem dänischen Strohdach

Bertolt Brecht auf Fünen

Bertolt Brecht scheint mit dem Verlauf der Schachpartie zufrieden zu sein. In entspannter Haltung am Tisch sitzend, in der linken Hand eine Zigarre, wartet er offenbar geduldig darauf, welchen Zug Walter Benjamin, der ihm gegenüber in grübelnder Haltung über das Brett gebeugt ist, nun tun werde. Es ist eine Szene aus dem Sommer 1934, abgebildet auf einem im Berliner Brecht-Archiv verwahrten Foto. Entstanden ist die Aufnahme im Garten jenes Hauses, das der Schriftsteller damals auf der dänischen Insel Fünen bewohnte. Der Philosoph Benjamin, mit Brecht eng befreundet, war dort mehrmals für längere Zeit zu Gast. Täglich spielten die beiden ein oder zwei Partien Schach miteinander, und während Brecht, wie Zeitgenossen berichten, seine Züge meist rasch entschlossen setzte, war Benjamins Spielweise langsam und für den Gegner manchmal auch ein wenig zermürbend. »Ermattungstaktik war's, was dir behagte / Am Schachtisch sitzend in des Birnbaums Schatten«, schrieb Brecht später in Erinnerung an die Sommertage auf Fünen. Die Zeilen finden sich in dem Gedicht »An Walter Benjamin, der sich auf der Flucht vor Hitler entleibte«, das Brecht dem

Freund widmete, der 1940 auf dem Weg in die Emigration Selbstmord beging.

Die Bedrohung durch den Nazi-Terror, Flucht und Exil bestimmten in jenen Jahren auch Bertolt Brechts Leben. Wurde er aufgrund seiner dezidiert linken politischen Haltung im nationalsozialistischen Deutschland zunehmend schikaniert, so war seine Ehefrau, die Schauspielerin Helene Weigel, wegen ihrer jüdischen Herkunft höchst gefährdet. Als Ausweg blieb ihnen, wie so vielen anderen, nur die Flucht. Dass sie in Dänemark ab 1933 für mehrere Jahre eine sichere Bleibe fanden, ist der Schriftstellerin Karin Michaëlis zu verdanken. Heutzutage weitgehend vergessen, war Michaëlis zu Beginn des 20. Jahrhunderts mit zahlreichen Romanen international erfolgreich und vor allem im deutschsprachigen Raum sehr populär. In Wien, wo sie sich sehr oft aufhielt, hatte sie damals einen großen Bekanntenkreis. Zu diesem gehörten auch zwei junge Künstlerinnen: die Schriftstellerin Maria Lazar und deren Freundin Helene Weigel, der Michaëlis 1917 zu einem ersten, für die weitere Karriere der angehenden Schauspielerin entscheidenden Vorsprechen an der Wiener Volksbühne verhalf. Der Kontakt zwischen Lazar, Weigel und der mehr als zwei Jahrzehnte älteren Michaëlis riss nicht ab, und so wandte sich Maria Lazar, die als Jüdin 1933 ebenfalls zur Flucht gezwungen war, auf der Suche nach einem Exil an die dänische Freundin. In einem Brief fragte sie an, ob Michaëlis sechs

Personen eine Unterkunft zur Verfügung stellen könne. Bei den sechs handelte es sich, neben Maria Lazar, um deren Tochter Judith, um Helene Weigel, Bertolt Brecht und die beiden Kinder des Paares, Barbara und Stefan. Karin Michaëlis sagte umgehend ihre Hilfe zu und konnte auch gleich eine Bleibe anbieten. Denn auf der kleinen Insel Thurø, die nur durch einen schmalen Sund von der südfünischen Hafenstadt Svendborg getrennt ist, besaß sie ein ausgedehntes Anwesen mit einer Villa und einigen Gartenhäusern. Dort nahm Michaëlis während der Zeit des Nationalsozialismus nicht nur die Lazars und die Familie Brecht-Weigel auf, sondern auch zahlreiche weitere Emigranten – so etwa den Autor und Orgelbauer Hans Henny Jahnn, das Schriftstellerehepaar Ernst Ottwalt und Waltraut Nicolas oder den Philosophen Franz Mockrauer und dessen Ehefrau Johanna. Man fühlte sich, so schrieb Johanna Mockrauer in einem Brief, bei Michaëlis »gleich zu Hause«, denn die »kleine, korpulente, lebendige Frau«, die »permanent« eine Zigarette »schief im Mundwinkel« hatte und »oft wahnsinnig komisch, aber bezaubernd« Deutsch sprach, sei von »mütterlicher Herzlichkeit« gewesen.

Bertolt Brecht und seine Familie wohnten einige Monate bei Karin Michaëlis, so lange, bis das alte und etwas desolate Fischerhaus, das Brecht kurz nach seiner Ankunft in Dänemark gekauft hatte, einigermaßen instand gesetzt war. Das Gebäude, das heute noch genauso – oder vielleicht sogar ein wenig aufwendiger restauriert – aussieht wie auf den Fotos im Brecht-Archiv, befindet sich ein paar Kilometer westlich von Svendborg. Es ist ein etwas geduckt wirkendes weißes Fachwerkhaus mit schwarzen Verstrebungen, einem mächtigen Strohdach und einem großen Garten, von dem es nur einige wenige Schritte bis zur Küste sind. Skovsbostrand 8 lautet die Adresse, doch außer einem Briefkasten mit der Aufschrift »Brechts Hus« findet man keine weiteren Hinweise darauf, dass hier eine Zeit lang einer der bedeutendsten Dramatiker des 20. Jahrhunderts gelebt hat. Denn das Haus ist nicht öffentlich zugänglich, sondern wird von der Gemeinde Svendborg, in deren Besitz es sich heute befindet, als temporäres Arbeitsrefugium an Künstler und Wissenschaftler vermietet. Wenn man Glück hat, ist das Haus gerade bewohnt und die Mieterin oder der Mieter gestattet einen Blick ins Innere – wenn nicht, dann entschädigt auf jeden Fall ein Spaziergang durch die Umgebung. Denn die Landschaft hier wirkt sehr idyllisch: Viel Grün gibt es da, kleine Wälder, sanfte Hügel, und von der Küste eröffnet sich ein erster Ausblick auf das Südfünische Inselmeer, das aus mehr als fünfzig größeren und kleineren Inseln und zahllosen winzigen Holmen besteht.

Die Insel Fünen, die durch die geschützte Lage zwischen Jütland und Seeland klimatisch begünstigt ist, wird oft als der »Garten Dänemarks« bezeichnet. Der Märchendichter Hans Christian

Andersen, der in Odense, der größten Stadt auf Fünen, geboren wurde, formulierte das noch präziser und wies mit den Ausdrücken *æblegård og humlehave* – was »Apfelhof und Hopfengarten« bedeutet – auf den ausgedehnten Anbau von Äpfeln, Hopfen und vielen anderen landwirtschaftlichen Produkten hin. Auch Bertolt Brecht griff das Bild des üppigen Gartens auf: »Die Insel Fünen wird der Garten Dänemarks genannt. So weit man blickt, ist alles grün«, schrieb er in einem Brief an den befreundeten Maler George Grosz und erläuterte dann noch: »Die Obstbäume müssen mit Hölzern gestützt werden, und die Fischer stechen mit Lanzen in das Sundwasser und holen in einigen Stunden Dutzende von Aalen heraus.«

Bertolt Brecht fühlte sich, wie seinen Briefen und Aufzeichnungen zu entnehmen ist, recht wohl im dänischen Exil, wo er ungestört arbeiten und auch ohne allzu große Schwierigkeiten seine künstlerischen und politischen Verbindungen aufrechterhalten konnte. »Geflüchtet unter das dänische Strohdach, Freunde/ Verfolg ich euren Kampf«, beginnt daher auch das Titelgedicht seiner auf Fünen entstandenen »Svendborger Gedichte«. Und gegenüber George Grosz meinte er, dass Dänemark anderen Exilländern vorzuziehen sei, denn, so Brecht: »Nirgends sitzt du näher an der Heimat.« Grosz war einer jener zahlreichen Freunde und Bekannten, die Bertolt Brecht während der Jahre des Exils in Dänemark zu sich einlud. Neben George Grosz und Walter

Benjamin gehörten dazu unter anderen auch der Komponist Hanns Eisler, der Publizist Bernard von Brentano und der Ökonom Fritz Sternberg. Eine Einladung, ihn auf Fünen zu besuchen, schickte Brecht im Sommer 1933 auch nach Wien an den Schriftsteller Karl Kraus, allerdings gelang es ihm nicht, diesen zu einer Reise in den Norden zu überreden. Interessant aber ist, wie Brecht in seinem Brief an Kraus sein dänisches Exil beschreibt. Er nennt Svendborg ein »kleines Städtchen, das gar nicht übel ist«, erwähnt Wälder und »Badegelegenheiten« und fügt dann hinzu: »Und es ist ganz außerordentlich billig, viel billiger als in Österreich.« Der Hinweis, dass man in Dänemark sehr billig leben könne, findet sich auch in Schreiben an andere Bekannte und ist aus heutiger Sicht – bedenkt man, dass Dänemark, bezogen auf das Preisniveau, eines der teuersten Länder der Welt ist – durchaus bemerkenswert.

Die sechs Jahre, die er, unterbrochen von einigen Auslandsreisen, in Dänemark verbrachte, waren für Bertolt Brecht schriftstellerisch sehr produktiv. Neben den »Svendborger Gedichten« und zahlreichen Beiträgen für Emigrantenzeitschriften schrieb Brecht einige Theaterstücke, wie etwa »Furcht und Elend des Dritten Reiches«, »Die Gewehre der Frau Carrar« und »Die Rundköpfe und die Spitzköpfe«. Auf Fünen entstand auch der »Dreigroschenroman«, der 1935, ein Jahr nach der deutschsprachigen Erstveröffentlichung, auch in einer dänischen Übersetzung erschien. Sie trug den der »Dreigroschenoper« entnommenen Titel »Kun i Velstand har man det rart« – »Nur wer im Wohlstand lebt, lebt angenehm« –, denn dies, so stellte Brecht gegenüber dem Kopenhagener Grafiker Robert Storm Petersen, von dem die Umschlagszeichnung stammte, fest, »müßte der dänischen Mentalität im allgemeinen liegen.«

Zur dänischen Literaturszene hatte Bertolt Brecht nur wenig Kontakt, eine enge Freundschaft aber verband ihn mit dem um fast dreißig Jahre älteren Schriftsteller Martin Andersen Nexø. Auf dessen Wunsch übersetzte er, gemeinsam mit seiner Mitarbeiterin und Geliebten Margarete Steffin, die ihm ins Exil nach Dänemark gefolgt war, Nexøs Lebenserinnerungen ins Deutsche. Allerdings dürfte Steffin dabei den Hauptpart der Arbeit übernommen und Brecht lediglich als Lektor agiert haben. Denn Brecht beherrschte das Dänische nur in sehr geringem Ausmaß – auch wenn er es in seinen Briefen mehrfach als »eine ungemein leichte Sprache« bezeichnete. Eine mögliche Erklärung dafür, dass er sich dennoch nicht näher damit beschäftigte, findet sich in den »Svendborger Gedichten« im Text »Gedanken über die Dauer des Exils«, in dem es heißt: »Wozu in fremden Grammatiken blättern? / Die Nachricht, die dich heimruft / Ist in bekannter Sprache geschrieben.«

Es sollte noch rund ein Jahrzehnt dauern, bis Bertolt Brecht wieder nach Deutschland zurückkehren konnte. Im Frühjahr 1939 verließ er gemeinsam mit seiner Familie Fünen und fand für einige Zeit ein neues Exil in Schweden. Er hatte damit Dänemark, das am 9. April 1940 von deutschen Invasionstruppen besetzt wurde, rechtzeitig verlassen. Aufmerksam und sehr kritisch aber verfolgte er die weitere Entwicklung seines ersten Exillandes. Denn Dänemark hatte sich – anders als etwa das am selben Tag von den Deutschen okkupierte Norwegen – zur sofortigen Kapitulation und zum Verzicht auf jeden Widerstand entschieden. Dem lag die Überlegung zugrunde, dass man sich gegen die militärische Übermacht Deutschlands kaum und nur unter großen Verlusten wehren könnte. Diese später sehr unterschiedlich bewertete sogenannte »Friedensbesetzung« bedeutete, dass es in Dänemark keine Kriegshandlungen gab. Für Nazideutschland aber war das Land vor allem als Militärstützpunkt für die Angriffe gegen Großbritannien und Norwegen und auch als Lebensmittellieferant von Bedeutung. Bertolt Brecht ließ dies in seinen in den frühen vierziger Jahren verfassten »Flüchtlingsgesprächen« von einem deutschen Emigranten mit der Feststellung kommentieren: »Als der zweite Weltkrieg ausgebrochen ist, sind sie erwartungsvoll herumgestanden, bis auf den letzten Knopf abgerüstet. Sie haben immer betont: wir sind zu schwach, um uns zu verteidigen, wir müssen Schweine verkaufen.«

Hatten sich die Dänen zunächst in die »Friedensbesetzung« durch Nazideutschland gefügt, so begann sich doch allmählich Widerstand zu regen.

Zur entscheidenden Wende kam es, als Ende September 1943 aus Berlin der Befehl zur Verhaftung und Deportierung aller in Dänemark lebenden Juden kam. Dies rief in der dänischen Bevölkerung breite Empörung hervor, und innerhalb weniger Tage wurde eine groß angelegte Rettungsaktion in die Wege geleitet. Verstecke wurden organisiert, Verpflegung und Transportmöglichkeiten beschafft und die nötigen finanziellen Mittel aufgetrieben, um die Bedrohten außer Landes zu bringen. In Abstimmung mit Schweden gelang es, in rund siebenhundert Schiffstransporten über den Øresund, den Großteil der jüdischen Bevölkerung Dänemarks vor Verfolgung und Ermordung zu bewahren.

Bertolt Brecht lebte damals bereits seit mehr als zwei Jahren in den USA. Nach Dänemark kehrte er nie mehr zurück. An sein Haus auf Fünen aber erinnerte er sich in dem Gedicht »An die dänische Zufluchtsstätte« mit den Worten: »Sag, Haus, das zwischen Sund und Birnbaum steht:/ Hat, den der Flüchtling einst dir eingemauert,/ Der alte Satz DIE WAHRHEIT IST KONKRET/ Der Bombenpläne Anfall überdauert?« Brecht hatte den »alten Satz« – ein Hegel-Zitat, das auch von Lenin verwendet wurde – auf einem Dachbalken in seinem Arbeitszimmer angebracht. Dort überdauerte er zwar den Krieg, nicht aber die Umgestaltungen und Renovierungen durch spätere Besitzer von »Brechts Hus«.

Bildung als ein Fundament der Demokratie

Die dänischen »folkehøjskoler«

Als sich am 7. November 1844 zweiundzwanzig junge Männer in einem Bauernhaus im südjütländischen Provinzstädtchen Rødding versammelten, um hier am ersten Kurs der neu gegründeten *folkehøjskole,* also einer Volkshochschule, teilzunehmen, ahnte wohl keiner von ihnen, dass daraus eine Institution entstehen würde, die sich weltweit zu einer der wichtigsten Einrichtungen der Erwachsenenbildung entwickeln sollte. Die erste Volkshochschule der Welt schien vielmehr eine Augenblicksbildung zu sein, die in ihrer gesamten geistigen Konzeption einer speziellen historisch-gesellschaftlichen Situation angepasst war. Im Zeichen der Auseinandersetzungen mit den Deutschen um Schleswig-Holstein setzte eine starke dänisch-nationale Bewegung ein, in deren Verlauf es dann eben auch zur Gründung der Volkshochschule in Rødding kam. Diese war der Sammelpunkt für die nationale Bewegung, eine Stätte der Pflege und Verbreitung der dänischen Sprache und Kultur und ein Symbol nationaler Eigenständigkeit.

Als Ziel der neuen Volkshochschule bezeichnete ihr erster Leiter, Johan Wegener, in seiner Eröffnungsrede die Stärkung der »Liebe zum Vaterland, zu seiner Sprache, seiner Geschichte, seinen Gebräuchen, Traditionen und Einrichtungen«, und er betonte, dass die Volkshochschule »vor allem auf die Bedürfnisse des Bauernstandes« abgestimmt sei. Niemand solle jedoch für ein besonderes Amt erzogen werden, erklärte Wegener, »sondern es wird vorausgesetzt, dass derjenige, der in diese Anstalt kommt, Bauer und Bürger sein und bleiben will. Es soll ihm nur gelehrt werden, was notwendig ist, damit er als selbständiger und mündiger Mensch in der bürgerlichen Gesellschaft leben kann.« Damit griff Wegener einen der Grundgedanken des eigentlichen Vaters der Volkshochschulbewegung, des Theologen, Philosophen, Historikers und Dichters Nikolaj Frederik Severin Grundtvig auf: die Ausbildung der breiten Bevölkerungsmasse, die zu einer überwiegenden Mehrheit dem Bauernstand angehörte, unter der Voraussetzung des Festhaltens an der bestehenden Sozialstruktur.

»In Dänemark ist man im Bildungsbereich neben dem gut ausgebauten Bibliothekswesen besonders auf die *folkehøjskoler* stolz, denn sie waren lange Zeit eine bedeutende Säule der demokratischen Gesellschaft und werden es hoffentlich auch weiterhin sein«, meint Henning Dochweiler. Er ist Experte für die Geschichte der dänischen Volkshochschulen und hatte im Laufe seines Berufslebens eine Reihe von bedeutenden Funktionen im Bereich der Erwachsenenbildung inne. Von 1998 bis 2006 war er Leiter der Askov Højskole, einer der renommiertesten Volkshochschulen des Landes. Gegründet wurde sie 1865 als eine Art Ersatz für die Schule in Rødding. Denn durch die Grenzverschiebungen infolge des Zweiten Schleswigschen Krieges kam Rødding zu Preußen und die *folkehøjskole* musste geschlossen werden. Die Lehrkräfte übersiedelten in das kleine, rund zwanzig Kilometer nördlich – und damit schon jenseits der deutsch-dänischen Grenze – gelegene Askov und nahmen dorthin nicht nur ihre Bücher, sondern auch ihr ganz auf Grundtvigs Ideen basierendes Bildungskonzept mit. Bis heute gilt die Askov Højskole als eine Hochburg des Grundtvigianismus.

»Ich meine«, so sagt Henning Dochweiler, »dass die Volkshochschulen eine bedeutende Rolle in der Herausbildung der dänischen Gesellschaft spielten. Denn die Bauern wurden da nicht nur persönlich gebildet – also in dänischer Geschichte, dänischer Sprache und auch in dänischer Literatur unterrichtet –, sondern lernten auch, wie man in der Landwirtschaft modern arbeitet. Es gab also auch eine fachliche Ausbildung. Und damit konnte man die jungen Bauern für die Volkshochschulen gewinnen. Sie wussten, dass sie dort viel für ihren Alltag lernen konnten, dass sie nach einem Kurs besser für die Arbeit, die sie zu Hause erwartete, qualifiziert sein werden. Das war die Voraussetzung der Genossenschaften, die dann gebildet wurden, und diese Genossenschaften – im Bereich Milch oder Fleisch zum Beispiel – sind ja die Voraussetzung für die Entwicklung der dänischen Wirtschaft überhaupt gewesen.«

Der »Vater der Volkshochschulbewegung«, Nikolaj Frederik Severin Grundtvig, war eine der bedeutendsten Persönlichkeiten des dänischen Kulturlebens des 19. Jahrhunderts. Als engagierter Theologe geriet er sehr bald in Konflikt mit der protestantischen Staatskirche, musste vorübergehend sein Predigeramt aufgeben und hatte von 1826 bis 1837 alle seine Schriften der kirchlichen Zensur zu unterwerfen. Grundtvig hatte sich bereits seit dem Beginn des 19. Jahrhunderts in verschiedenen Publikationen mit den Möglichkeiten einer breiten Volksbildung beschäftigt, die für ihn die Grundvoraussetzung dafür war, dass die Bevölkerung demokratische Rechte erwerben und sich deren auch bedienen könne. In seiner Weitsicht war Grundtvig dabei allerdings dem konservativen Denken seiner Zeit verhaftet: Der Mensch sollte durch Weiterbildung zwar seine persönliche Situation verbessern, nicht aber seine soziale Stellung verändern.

Das Vorbild für seine späteren Volkshochschulen fand Grundtvig um 1830 während mehrerer Studienreisen nach England. Dort begeisterten ihn vor allem das rege soziale Leben an den Universitäten und der fast kollegiale Kontakt zwischen Professoren und Studenten, der für die damaligen Verhältnisse innerhalb der akademischen Welt revolutionär war. Grundtvig kam zur Überzeugung, dass jeder Unterricht, und insbesondere die Ausbildung von Erwachsenen, auf dem Gespräch zwischen Lehrer und Schüler beruhen müsse und dass die beste pädagogische Wirkung dann erzielt werden könne, wenn dieses Gespräch über den Unterricht hinaus auch im privaten Alltagsbereich weitergeführt werde. Um diese intensive Form der Kommunikation zu ermöglichen, entwarf Grundtvig in seinen Schriften das Modell einer internatsmäßig geführten Volkshochschule – eine Idee, die sich durchsetzte und bis heute gültig blieb: Fast alle dänischen Volkshochschulen sind Heimschulen, in denen nicht, wie andernorts meist üblich, Tages- oder Abendkurse angeboten werden, sondern in denen die Kursteilnehmer eine Zeit lang wie in einem Internat leben.

»Ich mag diese Form«, meint etwa die Kunsthandwerkerin Anne, die sich immer wieder einmal Zeit für einen Kurs in einer *folkshøjskole* nimmt. Nicht immer in derselben Schule, aber bevorzugt irgendwo weit weg vom Kopenhagener Zuhause: »Man kann sich völlig einem Thema widmen. Man wird nicht durch das Telefon gestört, nicht durch den Gedanken an den nächsten Waschtag oder – wenn man klugerweise offline geht – auch nicht durch irgendwelche Mails, die man beantworten muss. Es ist viel intensiver, als wenn man in der Stadt bleibt und nur Kurse oder Vorträge besucht. Außerdem kommt man mit Menschen zusammen, die dieselben Interessen haben. Und nicht nur im Vortragssaal erfährt man Neues, sondern auch in den Pausen im Kontakt mit den anderen. Ich empfinde es sehr inspirierend, man zehrt lange davon.«

Der Unterricht an den ersten grundtvigianischen Volkshochschulen unterschied sich kaum von dem an den Normalschulen. Es gab einen festen Stundenplan und die Kursteilnehmer mussten alle Lehrveranstaltungen besuchen. So hatten die Schüler an der Volkshochschule von Rødding wöchentlich jeweils sechs Stunden Unterricht in Geschichte und Dänisch, je drei in Deutsch und Geografie und zwei in Naturkunde, Rechnen und Geometrie. Dazu kamen dann noch Stunden für Zeichnen, Musik und Turnen. Der einzige, aber sehr wesentliche Unterschied zum sonst üblichen Schulbetrieb bestand darin, dass es keine Prüfungen und Zeugnisse gab. Es war dies ein Grundprinzip Grundtvigs, das für die gesamte Volkshochschulbewegung kennzeichnend wurde: »Das Wichtigste am Unterricht an der Volkshochschule sind nicht die Kenntnisse und Fertigkeiten, die wir den Schülern beibringen, sondern das geistige Leben, das bei ihnen geweckt wird, sodass ihr Verstand schärfer, ihre Urteilskraft reifer und ihr Herz offener wird und bei ihnen der Sinn für Ordnung und Schönheit geweckt wird. All das kann bei einem öffentlichen Examen nicht zur Schau gestellt werden.«

Die Volkshochschulbewegung fand innerhalb der dänischen Bevölkerung sehr rasch großen Widerhall. 1870, also sechsundzwanzig Jahre nach der Gründung der ersten *folkehøjskole*, gab es in Dänemark schon einundfünfzig weitere, 1890 waren es insgesamt fünfundsiebzig. Die ersten grundtvigianischen Volkshochschulen waren aus der speziellen historischen Situation des Schleswig-Konflikts heraus entstanden, und es sollte zu einem typischen Merkmal der dänischen *folkehøjskoler* werden, dass sich in ihnen stärker als anderswo neue gesellschaftliche Entwicklungen und geistige Strömungen abzeichneten. So entstanden gegen Ende des 19. Jahrhunderts im Zuge der pietistischen Inneren-Missions-Bewegung auch eine Reihe von Missions-Volkshochschulen, und 1910 wurde in Esbjerg die erste Arbeitervolkshochschule gegründet. Unter den siebzig Volkshochschulen, die es zur Zeit in Dänemark gibt, herrscht eine noch größere Vielfalt: Der Bogen reicht von den weiterhin bestehenden Schulen in grundtvigscher Tradition und mit breit gefächertem fachlichen Angebot über solche mit betont religiösem Charakter bis zu jenen zahlreichen Volkshochschulen, die sich auf bestimmte Bereiche spezialisiert haben wie etwa Musik, Theater, Film, Design, Sport oder auch »Gastro, Gesundheit und Ernährung«.

In den letzten Jahrzehnten hat der früher so große Zuspruch zu den Volkshochschulen allerdings etwas nachgelassen. Staatliche Zuwendungen wurden gekürzt, gesellschaftskritische Ansätze zurückgedrängt und der Schwerpunkt im Bildungswesen verstärkt auf direkt verwertbare Wissensvermittlung gelegt – da gerät die Idee der Persönlichkeitsbildung naturgemäß in den Hintergrund. Henning Dochweiler hätte auch hier Ideen, wie sich die dänischen *folkshøjskoler* aus ihren grundlegenden historischen Konzepten heraus reformieren ließen und neue, aktuelle Attraktivität gewinnen könnten: »Das Nationale spielte immer eine wichtige Rolle in den Volkshochschulen, heute hingegen wäre eine Internationalisierung notwendig. Eine moderne Aufgabe dieser Institutionen müsste es sein, den Patriotismus mit einer Offenheit für das Andere und die Anderen zu verbinden, mit der Akzeptanz der Anderen – ob es nun die neuen Nachbarn im Osten oder die Migrantinnen und Migranten sind. Es sollte darum gehen, einen Dialog zu etablieren. Das muss die heutige logische Fortsetzung der ursprünglichen Aufgaben der Volkshochschulen sein.«

Am Strandvej: Dichter, Künstler, Millionäre

Von Kopenhagen nach Helsingør

Sie sehne sich sehr »nach dem Meer, vor allem nach dem Øresund, zu dem es doch in der ganzen Welt nichts Vergleichbares« gebe. Das schrieb die später weltberühmte Schriftstellerin Karen Blixen 1918 in einem Brief an ihren Bruder. Seit vier Jahren lebte Blixen damals in Kenia, wo sie gemeinsam mit ihrem Ehemann, dem schwedischen Baron Bror Blixen-Finecke, eine Kaffeefarm betrieb. Zwar war sie zwischendurch mehrmals zu Hause in Dänemark gewesen, aber erst nachdem sie sich hatte scheiden lassen, nachdem ihr Geliebter, der britische Großwildjäger Denys Finch Hatton, bei einem Flugzeugabsturz ums Leben gekommen war und nachdem sie die Farm wegen finanzieller Schwierigkeiten verkaufen musste, kehrte Karen Blixen 1931 endgültig an den Øresund zurück. In Rungsted, nördlich von Kopenhagen, zog sie wieder in jenes Haus ein, in dem sie geboren worden war und in dem sie nun bis zu ihrem Tod im Jahr 1962 leben sollte.

Der Schreibtisch, an dem viele ihrer literarischen Werke entstanden, steht immer noch an seinem angestammten Platz im Arbeitszimmer, direkt am Fenster, mit Blick aufs Meer. Und auch sonst scheint sich in Rungstedlund, wie das Anwesen heißt, über die Jahrzehnte nur wenig verändert zu haben. Das stattliche Gebäude, das heute ein sehenswertes Karen-Blixen-Museum beherbergt, ist so wie zu Lebzeiten der Schriftstellerin eingerichtet. Ein paar Erinnerungsstücke aus Afrika sind da zu finden, wie etwa eine große, reich verzierte Holztruhe und, an der Wand im Arbeitszimmer, Speere und Schilde von Massai-Kriegern. Geprägt aber ist die Einrichtung von gediegen wirkenden alten Möbeln, die wohl ganz dem Wunsch Blixens entsprachen, dass Rungstedlund »gerne ein wenig feiner als ein Pfarrhof, aber nicht ganz so fein wie ein Herrenhaus« sein solle – wobei hinzuzufügen ist, dass die Pfarrhöfe der protestantischen dänischen Staatskirche meist sehr repräsentabel sind. Und wie zu jedem feinen Pfarrhof – und natürlich auch zu jedem Herrenhaus – gehört auch zu Rungstedlund ein Park, der sich, hinter dem Haus, über rund sechzehneinhalb Hektar erstreckt. Einen kleinen Bach und einen Teich gibt es da, und die Blumenwiese, auf der auch ein paar Kühe weiden dürfen, geht, einen sanften Hügel hinauf, in einen lichten Wald über. Dort, am äußersten Ende des Parks, befindet sich, unter einer großen Buche, das Grab von Karen Blixen, markiert nur durch eine auf dem Boden liegende rohe Granitplatte, auf der lediglich der Name der Schriftstellerin eingraviert ist.

Karen Blixen wollte, dass der Park so erhalten bleibe, wie sie ihn seit ihrer Kindheit gekannt hatte: als eine romantische, von zahlreichen Singvögeln bevölkerte Wildnis. Um diesen Wunsch realisieren zu können, ersann sie eine Art frühes Crowdfunding: Am 6. Juli 1958 war ihre markante, dunkle Stimme – wieder einmal – im Radio zu hören. Schon zuvor hatte Blixen des Öfteren in Rundfunksendungen aus ihren Erzählungen gelesen, diesmal aber kam sie mit einem Anliegen in eigener Sache. Sie wolle, so ließ sie die Zuhörerinnen und Zuhörer in der für sie typischen, etwas altmodischen und leicht näselnden Art wissen, einen Fonds gründen, dessen Zielsetzung es sei, den Park von Rungstedlund für alle Zukunft als öffentlich zugängliches Vogelschutzgebiet zu sichern und das Haus, das sie bewohne, nach ihrem Tod für kulturelle Zwecke nutzbar zu machen. Dafür stifte sie, neben Haus und Grund, alle ihre zukünftigen Tantiemeneinkünfte. Um das Projekt verwirklichen zu können, bitte sie um Unterstützung: Wer auch immer mitmachen wolle, solle eine Krone beisteuern – lediglich eine Krone, nicht mehr. Der Appell erregte Aufsehen und hatte Wirkung: 84.412 Hörerinnen und Hörer beteiligten sich mit einer Eine-Kronen-Spende. Das reichte zunächst für die Bewahrung und Instandhaltung des Anwesens.

An die Einrichtung eines Blixen-Museums war allerdings zunächst noch nicht zu denken, denn für die unbedingt notwendigen Renovierungs- und Adaptierungsarbeiten reichten die

Kapitalreserven des Rungstedlund-Fonds, der bis heute ohne öffentliche Unterstützung auskommen muss, bei Weitem nicht aus. Hilfe kam aus Hollywood. Dort entdeckte man das dramatische Potenzial, das in Blixens Briefen und Aufzeichnungen aus Kenia und vor allem in ihrem autobiografischen Roman »Die afrikanische Farm« steckte, und machte daraus 1985 den Film »Jenseits von Afrika«. Mit Meryl Streep als Karen Blixen, Robert Redford als Denys Finch Hatton und Klaus Maria Brandauer in der Rolle von Blixens Ehemann wurde der mit mehreren Oscars ausgezeichnete Streifen, bei dem Sydney Pollack Regie geführt hatte, zum Blockbuster. Damit stieg auch das internationale Interesse an Karen Blixens Büchern, und als dann mit »Babettes Fest« auch noch eine ebenfalls Oscar-prämierte Verfilmung einer Novelle der Autorin in die Kinos kam, hatte der Rungstedlund-Fonds bald so viel Geld in der Kasse, dass im Mai 1991 das Karen-Blixen-Museum durch Königin Margarethe eröffnet werden konnte.

Wer weiß, was aus Karen Blixens Anwesen geworden wäre, hätte die Autorin nicht die Idee mit der Absicherung durch den Fonds gehabt. Vielleicht eine Luxusresidenz, vielleicht der Park aufgeteilt in teure Villengrundstücke. Käufer hätten sich auf jeden Fall schnell gefunden, denn Rungstedlund liegt direkt am Strandvej und damit in der exklusivsten Wohngegend von ganz Dänemark. Von einem simplen Weg – *vej* – kann beim

Strandvej nicht die Rede sein. Der Boulevard, der über rund vierzig Kilometer von Kopenhagen entlang der Øresundküste bis nach Helsingør führt, ist gesäumt von Schlössern, Luxusresidenzen, Designervillen und eleganten Hotels. So manches gehört da in die Kategorie Pomp, Protz und Kitsch, aber auch viel architektonisch Interessantes ist am Strandvej zu finden. Vor allem sind es jene Gebäude, die Arne Jacobsen geplant hat. Der Stardesigner, dessen Möbelentwürfe – wie etwa der berühmten Stühle – längst internationalen Kultstatus haben und der mit dem SAS Royal Hotel das erste moderne Hochhaus der dänischen Hauptstadt schuf, realisierte Anfang der dreißiger Jahre mit der Wohnhausanlage Bellavista im Kopenhagener Vorort Klampenborg ein Musterbeispiel des Funktionalismus. 1936 folgten das Bellevue Theater, gleich neben dem Bellavista-Komplex, und, rund eineinhalb Kilometer südlich, eine von Jacobsen entworfene Tankstelle. Auch Arne Jacobsen selbst wohnte am Strandvej, in der von ihm Ende der vierziger Jahre entworfenen Reihenhaussiedlung Søholm. Im Vergleich zu dem benachbarten, in strahlendem Weiß gehaltenen Bellavista-Komplex wirken die gelblich-braunen Ziegelbauten wenig spektakulär – dennoch war es Søholm, so meinen die Jacobsen-Biografen Carsten Thau und Kjeld Vindum, mit dem Arne Jacobsen den internationalen Durchbruch als Architekt schaffte.

Zu finden sind entlang des Strandvejs auch

einige alte Fischerkaten, also jene meist rot oder weiß bemalten Fachwerkhäuser mit dem typischen Strohdach. Es sind, wie in Kopenhagener Realitätenbüros zu erfahren ist, gesuchte Objekte, innen durchwegs »den modernen Wohnbedürfnissen« angepasst, jedoch, so wird versichert, »mit Respekt gegenüber dem ursprünglichen Stil des Hauses«. Mit Quadratmeterpreisen um die neuntausend Euro wäre da schon zu rechnen – was aber immer noch deutlich unter dem liegt, was für eine Villa am Strandvej zu berappen ist. Dafür aber hat man sicher auch einen Golfplatz in der Nähe, und auch um die Unterbringung der eigenen Jacht braucht man sich keine Sorgen zu machen, Jachthäfen sind entlang des Strandvejs genügend vorhanden, einer davon übrigens auch gleich gegenüber dem Karen-Blixen-Museum. In Reiseführern wird die Region am Strandvej oft als die »dänische Goldküste« oder als die »Riviera von Kopenhagen« bezeichnet, die Dänen selbst sprechen gerne vom »Whiskygürtel«. Denn während man in Kopenhagen üblicherweise Bier trinke, bevorzuge man am Strandvej teuren Whisky, so die Erklärung. Und auch das dänische Gegenstück zur linken deutschen »Toskana-Fraktion« ist hier zu finden: Es sind die *Strandvejssocialister*.

Der Weg entlang der Øresundküste ist eine der ältesten Straßen Dänemarks und hatte lange Zeit große wirtschaftliche Bedeutung. Denn die Hafenstadt Helsingør, die das nördliche Ende des Strandvejs bildet, liegt an der engsten Stelle des

Sundes, wo die Überfahrt nach Schweden am kürzesten ist. Hier wurde ein bedeutender Teil des Handels mit Nord- und Osteuropa abgewickelt, und der Warentransport von und nach Kopenhagen erfolgte über den Strandvej. In Helsingør wurde auch vom 15. bis zur Mitte des 19. Jahrhunderts der Sundzoll eingehoben, eine Abgabe, die alle nicht-dänischen Schiffe zu entrichten hatten. Da der Øresund die wichtigste Passage zwischen Nord- und Ostsee war, sicherte das dem dänischen König hohe Einnahmen und machte die Stadt Helsingør reich und international berühmt. So berühmt, dass sie für William Shakespeare zum geeigneten Schauplatz für das Drama um den Dänenprinzen Hamlet wurde.

Auf alten Landkarten ist der Strandvej oft mit der Bezeichnung Sandvej zu finden. Das ist kein Schreibfehler, sondern verweist, wie historischen Reiseführern zu entnehmen ist, auf den Zustand des Weges, der durch seine Lage direkt an der Küste häufig versandet und immer wieder auch überschwemmt und verschlammt war. Kein Wunder also, dass sich der Warenverkehr im Lauf der Zeit mehr und mehr auf besser ausgebaute Verbindungen etwas weiter weg von der Küste verlagerte. Dafür aber wurde das Gebiet um den Strandvej allmählich zum Ausflugs- und Erholungsgebiet. So etwa logierte der dänische Dichter Johannes Ewald zwischen 1773 und 1775 zeitweise im Gasthaus von Rungsted – und damit in ebenjenem Haus, das Karen Blixens Vater rund hundert Jahre später erwerben und zum Familiensitz umgestalten sollte. Karen Blixen war übrigens eine große Verehrerin Ewalds, weswegen sie ihr Arbeitszimmer, das vermutlich jenes Zimmer ist, in dem der Dichter gewohnt hatte, »Ewalds stue« – »Ewalds Stube« – nannte und als ihre Grabstätte im Park »Ewalds høj« – »Ewalds Hügel« – bestimmte.

Der Villen-Bauboom am Strandvej begann Mitte des 19. Jahrhunderts. Wer es sich leisten konnte, zog aufs Land. So auch der Privatgelehrte Alexander Brun, der sich 1855 im kleinen Ort Humlebæk ein Landhaus errichten ließ. Angeblich als Reverenz an seine drei Ehefrauen – von der ersten war er geschieden worden, die zweite starb, mit der dritten zog er nach Humlebæk –, die alle den Vornamen Louise hatten, nannte er den Besitz »Louisiana«. Es war ein repräsentatives Anwesen, das aus einer einstöckigen Villa, zahlreichen Nebengebäuden und einem riesigen, bis zum Meer sich erstreckenden Park bestand. »Hier also war der Ort, von dem ich immer geträumt hatte«, sollte viele Jahre später der Kopenhagener Unternehmer Knud W. Jensen in seiner Autobiografie schreiben.

Knud W. Jensen, ein guter Bekannter von Karen Blixen, wollte eigentlich Kunsthistoriker werden, musste aber den väterlichen Käsehandel übernehmen, den er zu einem florierenden Exportbetrieb machte. Mitte der fünfziger Jahre konnte er diesen mit hohem Gewinn verkaufen und sich ganz seinem größten Wunsch, der Einrichtung eines Museums für moderne Kunst, widmen. Mit Louisiana fand er den dafür geeigneten Ort. Er kaufte das Anwesen und ließ es von den beiden Kopenhagener Architekten Jørgen Bo und Vilhelm Wohlert entsprechend umbauen, wobei, wie Jensen betonte, es ihm besonders wichtig war, »das Landschaftserlebnis zu unterstreichen«. 1958 war der erste Bauabschnitt fertig und das Museum konnte eröffnet werden, später folgten zahlreiche Erweiterungen. Als Zugang und eigentliches Zentrum aber diente damals – wie heute – das alte Landhaus. Die daran anschließenden neuen Gebäude wurden behutsam und von der Straße aus nicht sichtbar in das Areal gesetzt, weshalb Louisiana oft als das »versteckte Museum« bezeichnet wird. Oder, mindestens ebenso oft, als eines der schönsten Museumsgebäude der Welt. Dominierendes Element sind die Glaskorridore und die großen Fenster in den relativ niedrigen Ausstellungsräumen. Das Museum geht dadurch optisch in den Park über, die umgebende Natur wird zum Hintergrund für Installationen und Skulpturen. So etwa für die Arbeiten des Schweizer Bildhauers Alberto Giacometti, die zu den berühmtesten Stücken der Sammlung zählen. Die schlanken, hohen Figuren scheinen direkt vor einem kleinen, von Bäumen umgebenen Weiher zu stehen, völlig integriert in diese idyllische Landschaft. Für die umfangreichen Bestände an Grafik, Fotografien, Videokunst und Lichtinstallationen wurden in Louisiana große unterirdische Ausstellungsräume gebaut. Dennoch ermöglicht die spezielle Anlage des Gebäudes auf dem abfallenden Gelände fast überall Ausgänge in den Park. An der Stelle, an der man über den Øresund direkt bis hinüber nach Schweden sehen kann, stehen die großen Werke von Alexander Calder, Henry Moore und Hans Arp. Die Wiese ringsum ist zum Sonnenbaden und Picknicken freigegeben – ein Angebot, das gerne genutzt wird. Dennoch ist der Skulpturengarten so angelegt, dass die meisten Werke auch vom Inneren des Museums, von den Glaskorridoren aus, betrachtet werden können. Bei den oft unbeständigen dänischen Wetterverhältnissen ist dies durchaus von Vorteil. Wie schrieb doch einst Karen Blixen aus Afrika an ihren Bruder daheim am Strandvej: »Du kannst mir glauben, dass man sich hier sehr oft nach Dänemark sehnt, und häufig sitzen wir da und stellen uns vor, wie wunderbar ein richtig morastiger Schlechtwettertag zu Hause doch ist.«

Helsingør: Hamlet, Holger und »Er«

Eine Stadt sucht ihre Identität

»Etwas ist faul im Staate Dänemark« – dieser Satz aus William Shakespeares Drama »Hamlet« ist vermutlich der weltweit am häufigsten zitierte literarische Hinweis auf das skandinavische Königreich. Kaum je geht es dabei um Dänemark, sondern vielmehr ganz allgemein darum zu benennen, dass irgendetwas nicht in Ordnung sei, dass etwas Eigenartiges vorgehe. So wie auch im Drama, wenn um Mitternacht der Geist von Hamlets Vater auf einer Terrasse, das heißt auf einer der Bastionen, von Schloss Kronborg in Helsingør erscheint. Es ist ein schauriges Erlebnis, das sich bei den Open-Air-Aufführungen des Stückes, die im Sommer regelmäßig auf Kronborg stattfinden, gut nachvollziehen lässt. Das Ambiente passt perfekt: das mächtige Schloss mit seinen dunklen Ecken und Nischen, die geheimnisvoll wirkenden Erker, Fenster und Türme, das Hallen der Schritte auf den Steinböden – da ist es gar nicht nötig, dass es, so wie Hamlet und seine Begleiter klagen, »entsetzlich kalt« ist und ein scharfer Wind bläst, um ein wenig ins Zittern zu kommen.

Aber: Wieso kam William Shakespeare überhaupt auf die Idee, das Schloss am Øresund als Schauplatz seines Dramas zu wählen? Denn der Dichter war vermutlich nie in Helsingør gewesen – und Hamlet ebenfalls nicht. Zwar berichtete der dänische Chronist Saxo Grammaticus in seinem um 1200 verfassten Geschichtswerk »Gesta Danorum« von einem Königssohn namens Amleth, der ein ähnliches Schicksal hatte wie Shakespeares Held, die dramatischen Ereignisse lokalisiert Saxo Grammaticus jedoch im Jütland der frühen Wikingerzeit. Die tragische Geschichte rund um einen Fürstenmord erwies sich als so packend, dass sie im Lauf der Zeit mehrfach literarisch verarbeitet wurde und Shakespeare die eine oder andere Version kannte. Jedoch war Jütland, als sich der englische Dramatiker um 1600 an die Abfassung seines Stückes machte, wohl kaum ein Schauplatz, mit dem man das Interesse des zeitgenössischen Publikums gewinnen konnte. Mit Helsingør hingegen konnte man Aufmerksamkeit erregen, denn dort hatte der dänische König Frederik II. eben erst eine alte Festung zu einem majestätischen Bau im allerneuesten Stil um- und ausbauen lassen. 1585 waren die Arbeiten abgeschlossen und das Renaissanceschloss Kronborg wurde zu einem Zentrum royaler Prachtentfaltung, mit der Frederik der adeligen Gesellschaft ganz Europas imponieren wollte – und konnte. Aufsehen erregte vor allem der riesige, zweiundsechzig Meter lange Prunksaal, in dem getanzt und musiziert wurde und der Platz für große

Feste bot. Immer wieder gab es im Schloss auch Theateraufführungen. 1586 etwa trat eine englische Theatertruppe in Kronborg auf. Man weiß, dass mindestens drei der Schauspieler – William Kempe, George Bryan und Thomas Pope – später in London mit William Shakespeare zusammenarbeiteten, und vielleicht waren sie es, die ihn auf die Idee brachten, sein Stück in Helsingør spielen zu lassen. Wie dem auch sei – die dänische Tourismusbranche kann mit Shakespeares Schauplatzwahl auf jeden Fall zufrieden sein, denn immerhin gehört Kronborg, das viele internationale Besucher nur als »Hamletschloss« kennen, zu den beliebtesten Sehenswürdigkeiten des Landes.

Wer in die großen Kasematten hinuntersteigt, die sich unter den Bastionen von Schloss Kronborg befinden, trifft in einem dieser unterirdischen Gewölbe auf eine weitere mythische Gestalt. Es ist Holger Danske, ein kräftiger Mann mit langem Bart, der hier – in Form einer Betonskulptur – schlummernd dasitzt. Der Kittel und der Umhang, die er trägt, sein Helm, das Schwert, auf das er sich stützt, sowie der Schild auf der einen und der Runenstein auf der anderen Seite neben ihm lassen erkennen, dass er ein Wikinger ist. Einst war Holger Danske weithin bekannt, tauchte als tapferer Held in altfranzösischen Dichtungen ebenso auf wie in nordischen Sagas und hatte sogar im traditionellen sizilianischen Marionettentheater seine Auftritte. In Dänemark ist er auch heute noch sehr populär und gilt als nationale Symbolfigur. Denn, so wird erzählt, wenn das Land einmal in Gefahr sein sollte, wird Holger Danske wieder aufwachen und es beschützen. Wie stark diese Vorstellung im nationalen Bewusstsein verankert ist, zeigt sich auch darin, dass sich eine der größten dänischen Widerstandsgruppen gegen die deutsche Okkupation während des Zweiten Weltkriegs den Namen Holger Danske gab.

Ob es aber wirklich der Holger Danske aus den Kasematten von Kronborg ist, der sich im Notfall erheben sollte, ist fraglich. Denn es gibt zwei weitere potenzielle Kandidaten für ein tatkräftiges Durchgreifen – und alle drei gleichen einander bis aufs lange Barthaar. Die Geschichte der Drillinge begann damit, dass das traditionsreiche Hotel Marienlyst in Helsingør 1907 vom Bildhauer Hans Peder Pedersen-Dan eine Bronzestatue von Holger Danske herstellen ließ. Sie sollte das Gegenstück zum bronzenen Hamlet sein, der damals bereits seit einigen Jahren im Hotelpark aufgestellt war. Nachdem die Holger-Danske-Skulptur fertig war, brachte man die Gipsfigur, die als Basis für die Gussform gedient hatte, in die Kasematten von Kronborg. Man hatte keine Verwendung für sie, wollte sie irgendwo einlagern – aber kurioserweise war dieser Holger bald wesentlich bekannter und populärer als der »echte« auf dem Hotelgelände. Doch über die Jahrzehnte setzten dem Helden die feuchte Luft in seinem unterirdischen Verlies und die »Streicheleinheiten«, die ihm von den vielen Besuchern zuteilwurden, gehörig zu. Seit 1985 hält daher an seiner Stelle eine Betonkopie die Stellung, während der Gipsheld in einem der trockeneren Depots des Schlosses weiterschlafen darf.

Der Kollege in Bronze hat mittlerweile ebenfalls seinen Standort gewechselt. Er war mehrfach verfrachtet worden und saß zuletzt auf dem Parkplatz des Hotels. Dort störte er – also entschloss sich die Hotelleitung im Jahr 2013, ihn versteigern zu lassen. Das sorgte allerdings für einige Aufregung. »Helsingør im Schockzustand«, titelte eine Lokalzeitung, als bekannt wurde, dass die Bronzeskulptur über Internet versteigert werden sollte. Nicht auszudenken, so hieß es, wenn Holger Danske auf diese Weise am Ende ins Ausland käme! »Sollen sie doch den Hamlet verkaufen«, meinte eine Leserbriefschreiberin und erhielt für den Vorschlag einiges an Zustimmung. Die Hotelleitung aber wollte darauf nicht eingehen. Die wesentlich zierlichere Statue des Shakespeare-Helden – in einem Artikel ein wenig despektierlich als ein »Springinsfeld in kurzen Bronzehosen und mit einer Feder am Hut« bezeichnet – hatte zwar ebenfalls ihren ursprünglichen Platz verlassen müssen, darf dafür aber bis heute vor dem Hoteleingang die Ankommenden begrüßen. Im Gemeinderat von Helsingør gab es Sondersitzungen in Sachen Holger Danske, letztlich aber musste man sich – aus finanziellen Gründen – damit abfinden, dass die Statue in den Westen Jütlands abwanderte. Ein Geschäftsmann aus Skjern hatte bei der Auktion für stolze 3,2 Millionen Kronen den Zuschlag erhalten, und nun kann Bronze-Holger auf einem speziell für ihn umbenannten Platz im Zentrum der kleinen Stadt ruhig weiterschlummern.

In Helsingør kann man sich damit trösten, dass es in der Stadt in den letzten Jahren ja ebenfalls einige skulpturale Zuzüge gegeben hat. Allerdings waren nicht alle Neuankömmlinge in gleicher Weise willkommen. Besondere Ablehnung schlug einer Schöpfung des dänisch-norwegischen Künstlerduos Michael Elmgreen und Ingar Dragset entgegen. Die von den beiden entworfene Skulptur aus blankem Stahl stellt einen zierlichen, nackten jungen Mann dar, der auf einer Art Steinblock – jedoch ebenfalls aus Stahl gefertigt – sitzt. In ihrer Körperhaltung erinnert die Figur stark an die »Kleine Meerjungfrau«. Die so deutliche Ähnlichkeit mit dem Kopenhagener Wahrzeichen ist Teil des künstlerischen Konzepts von Elmgreen und Dragset. Sie gaben dem jungen Mann den Namen »Han«, was im Dänischen »Er« bedeutet, und sehen ihn als den Bruder der Kleinen Meerjungfrau: Sie und »Er« symbolisieren die Verbindung, aber auch die Rivalität, die es seit jeher zwischen den beiden Städten am Øresund gibt. Vermutlich ist ein Teil des Unmuts, den »Er« bei der lokalen Bevölkerung auslöste, auf diese Assoziation zurückzuführen. Denn im Konkurrenzkampf der Städte liegt Kopenhagen klar voran. Den nur schwer aufzuholenden Vorsprung gegenüber Helsingør holte sich die dänische Hauptstadt unter anderem durch den Bau der Øresundbrücke, über die nun der Großteil des Verkehrs hinüber nach Schweden abgewickelt wird. Früher hingegen ging für die meisten Reisenden die Fahrt über Helsingør: Hier, an der engsten Stelle des Sundes, lagen die großen Fähren, mit denen Personen, Fracht, Autos und auch Eisenbahnzüge über die vier Kilometer hinüber ins schwedische Helsingborg befördert wurden. In den Jahren vor der Eröffnung der Øresundbrücke verkehrten die Fähren oft im Fünf-Minuten-Takt. Mittlerweile sind die Wartezeiten um einiges länger geworden und die Beförderung von Zügen wurde im Jahr 2000 gänzlich eingestellt. Das führte zu erheblichen Geschäftseinbußen für die vielen Betriebe, die es im Umfeld dieses lange Zeit so wichtigen Verkehrsknotenpunkts gab. Eine ähnliche Entwicklung traf übrigens auch Helsingborg, das von Malmö, das nun gemeinsam mit Kopenhagen die boomende »Metropolregion Øresund« bildet, überflügelt wurde.

Den allerhärtesten Schlag aber hatte Helsingør schon 1983 hinnehmen müssen. Denn damals stellte die Helsingør Skibsværft og Maskinbyggeri, die zu den bedeutendsten Schiffswerften Nordeuropas gehörte und der wichtigste Arbeitgeber der Region war, ihren Betrieb ein. Die Stadt stürzte in eine ökonomische Krise, von der sie sich nur langsam wieder erholen konnte. Um das in den folgenden zwei Jahrzehnten ungenutzte und allmählich verfallende Werftgelände neu zu beleben und damit auch der Stadt wieder positive Impulse zu geben, wurde auf dem Areal ein großes Kulturzentrum eingerichtet. Die 2010 eröffnete »Kulturværft« umfasst – in den aufwendig und architektonisch sehr ambitioniert umgebauten ehemaligen Werftanlagen – Theater- und Konzertsäle, Ausstellungsräume, eine große Bibliothek, ein Museum, das sich mit der Geschichte der Schiffswerft beschäftigt, ein Restaurant, zahlreiche frei zugängliche Computerarbeitsplätze und eine Reihe von Kurs- und Konferenzlokalen. Die Skulptur von Elmgreen und Dragset ist als Wahrzeichen der Kulturwerft prominent auf einem Pier zwischen dem Hafen und dem nahegelegenen Schloss Kronborg platziert.

»Ich kann nicht verstehen, was eine Paraphrase auf die Kleine Meerjungfrau mit der großen Geschichte des Schlosses zu tun haben soll« – so meinte ein Leserbriefschreiber im *Helsingør Dagblad,* und das war eine der mildesten unter den zahlreichen Protestreaktionen, die »Han« hervorrief, als er 2012 seinen Platz bezog. Er sei nichts anderes als eine schwache »Nachäffung« der Kopenhagener Meerjungfrau und eine Verspottung der Geschichte Helsingørs. »Ein aalglatter, glänzender Kerl, der weder noch ist. Für wen soll er ein Ideal sein? Er ist eher eine Verhöhnung all jener Männer, die einst bei ihrer Arbeit auf der Werft von Schweiß geglänzt haben«, schrieb eine empörte Bürgerin. In ihrem Brief klingen auch jene homophoben Ressentiments an, die in den Diskussionen um »Han« immer wieder auftauchten. Die Heftigkeit, mit der da argumentiert wurde, mag auch damit zusammenhängen, dass fünf Tage nachdem die Statue enthüllt worden war, im dänischen Parlament die Zulassung der Ehe für gleichgeschlechtliche Paare gesetzlich beschlossen wurde. Für die Gegner dieses – klar mehrheitlichen – Beschlusses war »Han« eine Provokation. Es gebe, so meinte ein weiterer Leserbriefschreiber, dem die Skulptur ganz und gar nicht gefiel, keinen Grund, sich dem Urteil von »ein paar Geschmacksrichtern anzuschließen, die sich in einen femininen Jungenkörper verliebt haben, der ein unmissverständliches sexuelles Signal aussendet, das meilenweit entfernt ist von Helsingørs Ikonen – Hamlet, Holger Danske und den Werftarbeitern der neueren Zeit«.

Sehr viel herzlicher als »Han« wurden jene vier Bronzefiguren begrüßt, die 2014 ihren Einzug auf dem Gelände der Kulturwerft hielten. Mehrere Hundert Menschen waren zur Enthüllung gekommen, unter ihnen zahlreiche frühere Werftarbeiter – denn schließlich war das Werk des färöischen Bildhauers Hans Pauli Olsen ja auch nach ihnen benannt: »Værftsarbejderne«. Die vier realistisch dargestellten Männer, die entlang der Mauer einer ehemaligen Werkshalle gerade auf dem Weg zur Arbeit zu sein scheinen, sind, so die offizielle Beschreibung, »ein Denkmal für die

Tausenden Arbeiter, die von 1882 bis 1983 in der Schiffswerft von Helsingør beschäftigt gewesen waren.« Das Werk sei aber auch, so heißt es abschließend, »Symbol für eine versunkene Ära«.

In der Stadt der Fahrräder

Gebrauchsanweisung für Kopenhagen

»Kurze Zeit nachdem ich nach Kopenhagen übersiedelt war, fragte mich meine Freundin, mit der ich die Wohnung in Nørrebro teilte, ob wir nicht zum Assistens Kirkegård hinübergehen sollten, um uns in die Sonne zu legen. Zum Glück hatte ich schon über dieses Phänomen gelesen, bevor ich nach Kopenhagen gezogen war, deshalb konnte ich so tun, als ob es die allernatürlichste Sache der Welt wäre, auf den Ruhestätten der Toten ein Sonnenbad zu nehmen.« Wohlgefühlt aber hat sich die Journalistin Helle Sahl Madsen bei diesem Freizeitvergnügen auf dem Friedhof nicht – was natürlich, wie sie in einem Zeitungsartikel bekennt, damit zu tun hat, dass sie aus Jütland stammt. »Echte« Kopenhagener hingegen finden es tatsächlich ganz selbstverständlich, dass der bekannteste Friedhof der Stadt auch eines der beliebtesten Naherholungsgebiete ist.

Das hat nur wenig mit Pietätlosigkeit zu tun, aber viel mit dem Mangel an Grünflächen im bevölkerungsreichsten und am dichtesten besiedelten Stadtteil Kopenhagens. Auf dem Assistens Kirkegård finden sich die Gräber zahlreicher berühmter Persönlichkeiten, wie etwa jene des

Dichters Hans Christian Andersen, des Physikers und Nobelpreisträgers Niels Bohr und des Philosophen Søren Kierkegaard. Dazwischen aber ist auf dem rund zwanzig Hektar großen, parkartigen Gelände genügend Platz für, wie es im Führer durch die Anlage heißt, »Rekreation«. Der Sachbuchautor Jakob Vølver beschreibt es detaillierter: »Umgeben von Kreuzen, Engeln, Grabsteinen, Kerzen und bunten Blumen nehmen junge Mädchen ein Sonnenbad, spielen Kinder, und die erwachsenen Kopenhagener naschen Erdbeeren, knabbern Erbsen und trinken Weißwein. Diese morbide Form von Picknick ist eines der größten Sommervergnügen für die Bewohner von Nørrebro, und meist gibt es auf dem Assistens Kirkegård kein Fleckchen, das noch frei wäre.«

Auch Jakob Vølver stammt aus Jütland, lebt aber seit etlichen Jahren in der dänischen Hauptstadt. Die Übersiedlung nach Kopenhagen sei für ihn ein »Kulturschock« gewesen, meint er, wobei ein humoristischer Unterton deutlich spürbar ist. Seine Erlebnisse verarbeitete Vølver in dem »Überlebenshandbuch« für Jütländer in Kopenhagen »Jydens håndbog til overlevelse i København«. Das Werk fand einiges an Beachtung, was nicht nur auf seine stark satirische Note zurückzuführen ist, sondern auch darauf, dass Jakob Vølver ein aktuelles Thema aufgriff. Denn auch in Dänemark zeigt sich seit einiger Zeit ein starker Trend zur Urbanisierung. Dabei geht alles von West nach Ost, von Jütland und den Inseln in Richtung Kopenhagen. War die Bevölkerungszahl der dänischen Hauptstadt zwischen den siebziger Jahren und bis zur Jahrtausendwende beständig gesunken, so geht es nunmehr deutlich aufwärts. Von den derzeit etwas mehr als 5,7 Millionen Einwohnern des Landes leben circa siebenhundertsechzigtausend Menschen in der Stadt und insgesamt rund 1,3 Millionen im Großraum Kopenhagen. Viele der neu Zugezogenen kommen aus *Udkantsdanmark*. Dieser Begriff, der es bereits ins Dänische Wörterbuch geschafft hat, bezeichnet die Randgebiete des Landes. Um einiges deftiger und fernab aller – sonst in Dänemark durchaus geschätzten – politischen Korrektheit ist der Ausdruck *den rådne banan* – »die verfaulte Banane« – für die Gebiete mit der stärksten Abwanderung. Gemeint sind damit vor allem West- und Südjütland sowie ein Teil des südfünischen Inselmeers, Lolland und Falster. Markiert man die Umrisse dieser Regionen auf einer Landkarte, so ergibt dies tatsächlich annähernd die Form einer Banane. Es sind die ökonomisch schwächsten Teile des Landes, geprägt von geringem Wirtschaftswachstum und hoher Arbeitslosigkeit. Kein Wunder, dass es da vor allem junge Leute in die boomende Metropolregion Kopenhagen zieht. Das prägt die Stadt, in der das Durchschnittsalter der Bevölkerung mittlerweile auf fünfunddreißig abgesunken ist, während es insgesamt in Dänemark bei zweiundvierzig Jahren liegt.

»Wenn man als Jütländer zum ersten Mal in Kopenhagen ist, kommt einem so manches merkwürdig vor«, weiß Jakob Vølver aus eigener Erfahrung. Für sein »Überlebenshandbuch« hat er einige »Kopenhagen-Phänomene« gesammelt. Neben dem Picknick auf dem Friedhof gehören dazu unter anderem diverse sprachliche Besonderheiten und die Tatsache, dass die Kopenhagener genau dieselben Witze über die Schweden machen wie die Jütländer über die Deutschen. Besonders ausführlich widmet sich Vølver dem Thema Radfahren. Denn, so meint er, hat man erst einmal den typisch jütländischen Geländewagen gegen ein Fahrrad ausgetauscht, dann ist die Integration schon fast geschafft. Am besten ist es natürlich, wenn man sich ein Christiania-Bike anschafft, also eines jener Fahrzeuge mit zwei Vorderrädern, zwischen denen, auf einem Stahlrahmen, eine stabile Holzkiste sitzt, die, je nach Modell, mit Lasten bis zu hundertfünfzig Kilo beladen werden kann – »sechs Kinder und eine Kiste Bier«. »Auf dieser Kreuzung zwischen einem Seifenkistenauto und einem umgedrehten Dreirad in die Pedale zu treten, ist Ausdruck eines globalen ökologischen Bewusstseins«, belehrt Vølver seine jütländische Leserschaft und vermittelt dieser gleich auch alle notwendigen Facts über die »Freistadt Christiania«, jenes als Aussteigerparadies berühmte und als Drogenumschlagplatz berüchtigte ehemalige Kasernenareal mitten in Kopenhagen, wo die Bikes hergestellt werden.

Dass Radfahren tatsächlich in erster Linie ein Kopenhagen-Phänomen ist und gar nicht so besonders typisch für ganz Dänemark, wie oft angenommen wird, bestätigt auch eine von der Dänischen Technischen Universität durchgeführte Untersuchung zur Nutzung der verschiedenen Verkehrsmittel. Diese ergab unter anderem, dass an die fünfundundfünfzig Prozent aller Einwohner Kopenhagens für den täglichen Weg zur Schule, zur Universität oder zur Arbeit das Fahrrad benützen. Der gesamtdänische Durchschnitt hingegen liegt bei rund einundzwanzig Prozent – was immer noch recht beeindruckend ist, aber dennoch das Kopenhagen-Phänomen bestätigt. Eine mögliche Erklärung findet sich wohl in der Geografie – denn Dänemark ist zwar kein Bergland, kann dafür aber mit vielen Hügeln und entsprechenden Straßenanstiegen aufwarten, bei denen kräftiges Pedaltreten nötig ist, was sich durchaus auf die Energie für weitere Aktivitäten auswirken kann.

Im flachen Kopenhagen aber radelt es sich angenehm dahin – vor allem auch, weil es ein gut ausgebautes Netz an Radwegen gibt. Doch man will noch besser werden: »Cykelstrategi 2025« heißt ein engagiertes Projekt der Stadt, dessen deklariertes Ziel es ist, Kopenhagen spätestens 2025 zu *verdens bedste cykelby*, zur besten Fahrradstadt der Welt zu machen. So etwa sollen alle Stadtteile durch möglichst kurze Wege miteinander verbunden sein. Dafür sind in der von zahlreichen

Kanälen durchzogenen Hafenstadt vor allem Brücken nötig. Einige der neuen Anlagen haben dem Stadtbild ein neues Gepräge gegeben. Zu merken ist dies etwa, wenn man den Nyhavn entlangspaziert, jenen schmalen Kanal, der an beiden Seiten von alten bunten Häusern flankiert wird und eine vielbesuchte Touristenattraktion ist. Nyhavn, der »Neue Hafen«, erstreckt sich von Kongens Nytorv, dem größten Platz der Innenstadt, bis zum Kopenhagener Hafenbecken. Wenn man von dort aber weiter wollte, hinüber auf die kleine Insel Wilders Ø, musste man früher den Weg bis zu der mehr als einen halben Kilometer entfernten Knippelsbro nehmen, über die es auf die andere Seite des Hafens ging und von dort dann wieder mehr als einen halben Kilometer bis Wilders Ø. Seit 2016 sind es nur noch hundertachtzig Meter von Nyhavn hinüber auf die andere Hafenseite. Allerdings nicht für Autofahrer. Denn die Inderhavnsbro, die »Innerhafenbrücke«, ist, wie fast alle der im Rahmen von »Cykelstrategi 2025« geplanten Anlagen, ausschließlich für Fußgänger und Radfahrer bestimmt. Bei Touristen ist sie ein beliebter »Photopoint«, da sich von der Brücke eine außergewöhnliche neue Perspektive für Aufnahmen von Nyhavn eröffnet. Für die Stadtplaner steht vor allem die Umwandlung von Wilders Ø vom einstigen Industriehafen zum hippen – und übrigens auch ziemlich teuren – Wohngebiet im Mittelpunkt.

Von hier ist es dann nicht mehr allzu weit bis

zur Oper, jenem spektakulären, direkt am Wasser gelegenen Kubus aus Naturstein, Glas und Stahl, der von einem breiten, weit auskragenden Flugdach überdeckt ist. Der vom dänischen Architekten Henning Larsen entworfene und 2005 eröffnete Bau hatte zunächst einen großen Nachteil: Er war schwer erreichbar. Von Nyhavn etwa benötigte man per Auto, bei guten Verkehrsverhältnissen, an die zwanzig Minuten – und daran hat sich bis heute nichts geändert. Über die Inderhavnsbro und zwei weitere, 2014 eröffnete Fußgänger- und Fahrradbrücken aber schaffen Spaziergänger den Weg in einer Viertelstunde, Radler in wenigen Minuten. Kein Wunder also, dass bei Umfragen die große Mehrheit der radelnden Kopenhagenerinnen und Kopenhagener sagt, dass man das Rad benutze, weil man damit so schnell am Ziel sei. Ökologische Motive spielen hingegen bei nur knapp einem Prozent der Befragten eine Rolle.

Die dänische Hauptstadt gilt in Sachen Radfahren als so vorbildlich, dass sie sogar einem neuen Spezialausdruck den Namen gab: »to copenhagenize«. Gemeint ist damit die Schaffung von möglichst optimalen Bedingungen für den Fahrradverkehr in Städten. Populär gemacht wurde der Begriff vom dänisch-kanadischen Stadtplaner Mikael Colville-Andersen. Der renommierte Mobilitätsexperte, der als eine der zentralen Persönlichkeiten des globalen Radfahrbooms gilt, gründete 2009 in der dänischen Hauptstadt die

»Copenhagenize Design Company«, die sich mit dem Coaching von Städten und Unternehmen in Sachen Fahrradverkehr beschäftigt.

»Copenhagenize« wurde rasch zu einem auch international viel verwendeten Schlagwort – vielleicht auch, weil in Vergessenheit geraten war, dass der Begriff durchaus keine Neuschöpfung ist und im Englischen noch eine andere Bedeutung hat. Denn ursprünglich war mit »copenhagenize« die Konfiszierung und manchmal auch die Zerstörung einer feindlichen Flotte gemeint. Der historische Hintergrund sind die Ereignisse des Jahres 1807: Um zu verhindern, dass das neutrale Dänemark eine gegen England gerichtete Allianz mit Napoleons Frankreich eingehe, wurde Kopenhagen, nachdem es schon zuvor über mehrere Wochen belagert worden war, vom 2. bis zum 5. September 1807 von der Royal Navy unter schweres Bombardement genommen. Dänemark musste in der Folge seine gesamte Flotte an England übergeben, wodurch es mit einem Schlag seine führende Rolle als skandinavische Seemacht verlor. Das, wie es in Dänemark oft bezeichnet wird, »Terrorbombardement von 1807« gilt als eines der dramatischsten Ereignisse in der Geschichte des Landes. Mehrere Hundert Menschen wurden dabei getötet, mehrere Tausend verletzt und große Teile Kopenhagens in Schutt und Asche gelegt.

So ist es wohl verständlich, dass man an diese Art von »copenhagenize« in der dänischen Hauptstadt nicht mehr erinnert werden möchte und froh ist, dass der Begriff einen neuen, positiven Inhalt bekommen hat. Und natürlich ist man stolz darauf, auf dem »Copenhagenize Index« die Nummer eins, zu sein. Der Index, der seit 2011 von Colville-Andersens Design Company erstellt wird, ist eine Rangliste der fahrradfreundlichsten Städte der Welt. War in diesem Ranking zunächst Amsterdam voran und Kopenhagen auf Platz zwei, so hat die dänische Hauptstadt ihre schärfste Konkurrentin 2015 endlich überholt und liegt nun an der Spitze. Den deutschen Schriftsteller Kurt Tucholsky hätte das wohl kaum erstaunt, denn er vermerkte bereits 1932: »Kopenhagen, wie männiglich bekannt, ist die Stadt der Fahrräder; es soll Kopenhagener geben, die keines besitzen, aber das glaube ich nicht. Wenn die Kinder anderswo zur Welt kommen, schreien sie – in Kopenhagen klingeln sie auf einer Fahrradklingel. So viele Fahrräder gibt es da.«

Dank

Viele freundliche Menschen in Dänemark haben mich bei der Entstehung dieses Buches unterstützt. Mein besonderer Dank gilt meinen Freunden Dorte Knudsen und Søren Egert sowie Annette und Henning Dochweiler. Sie haben mir bei meinen Recherchen mit viel Engagement und Geduld wertvolle Hilfe geleistet.